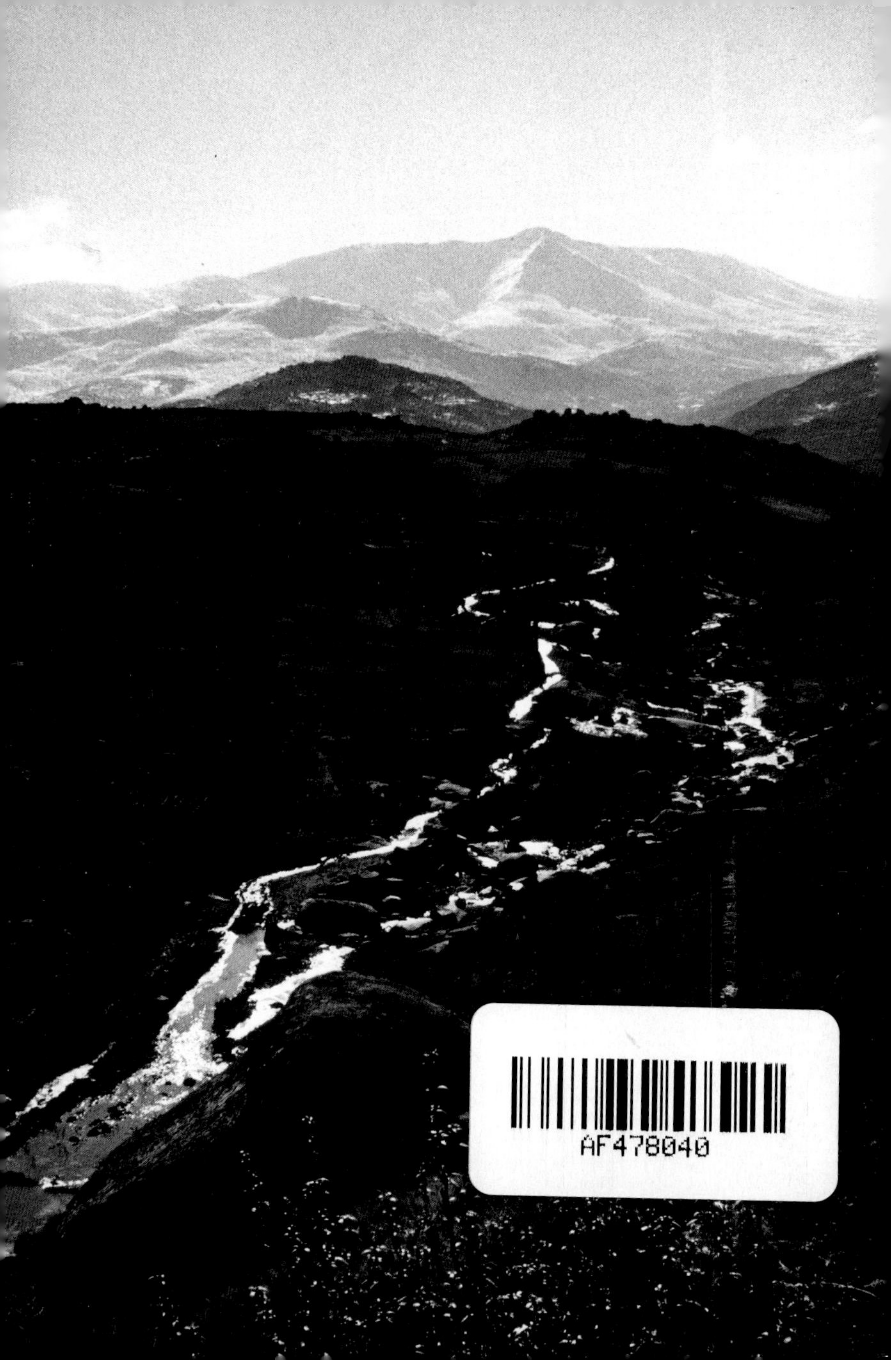

AF478040

Leonardo Cantero

PHoto**Bolsillo**   LA FABRICA EDITORIAL

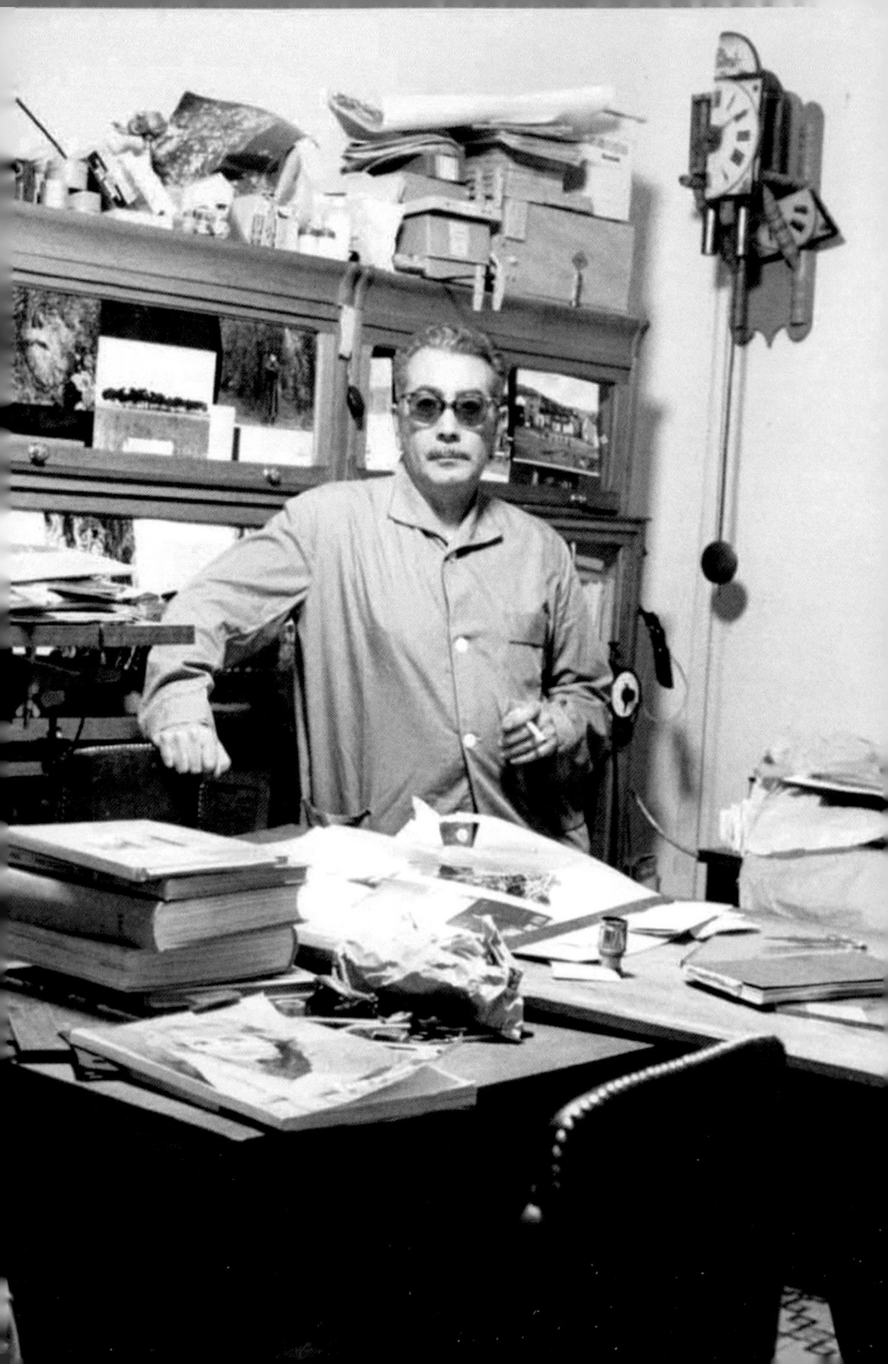

Leonardo Cantero

Cercano a la tierra

Por Catherine Coleman

Leonardo Cantero, *Ca.* 1965-1970. Estudio de la calle Atocha, 41

Yo no conocí a Leonardo Cantero (1907-1995) personalmente pero, gracias al azar, he tenido el privilegio de intimar con él a través de sus archivos fotográfico y documental; un contacto enriquecido por el testimonio y los recuerdos de sus sobrinos. Todo comenzó en 1995, cuando una llamada telefónica de Gabriel Cualladó, nada más morir Cantero, me alertó sobre la existencia del archivo del fotógrafo guardado en el pueblo de Sotillo de la Adrada (Ávila) y del deseo de sus herederos de donarlo al Museo Nacional Centro de Arte Reina Sofía, un proceso que concluyó en 2005.

La llamada de Cualladó puso en evidencia el aprecio y la estima que sus coetáneos tenían hacia Cantero y su obra. En vida, Cantero no tuvo la visibilidad artística merecida, que sí obtuvieron los otros miembros del mítico grupo La Palangana, al que él pertenecía: este libro es su primera publicación monográfica y el mayor galardón que recibió fue el premio único del VII Trofeo Luis Navarro, otorgado en 1960, al que concursó con *Potranco negro*. La carta del jurado, notificando al ganador, está firmada por (ni más ni menos) Leopoldo Pomés, Antoni Tapies, Joan Brossa y Joan Colom. Sin embargo, su fotografía siempre obtuvo las alabanzas de sus contemporáneos. Citamos, por ejemplo, la carta firmada por S.S., con membrete del Casino del Comercio en Tarrassa (3 de julio de 1963) dirigida

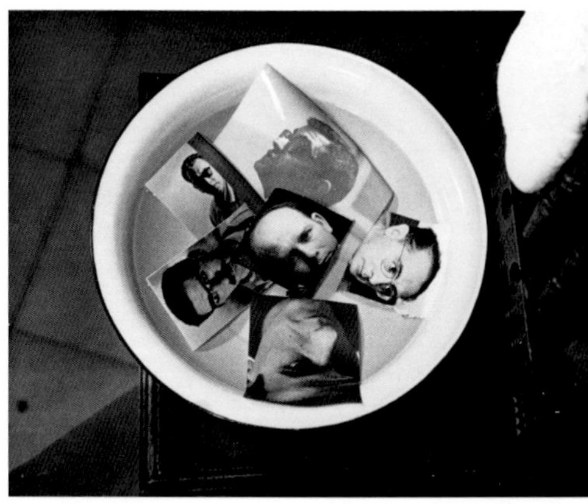

Fotógrafos miembros del grupo
La Palangana

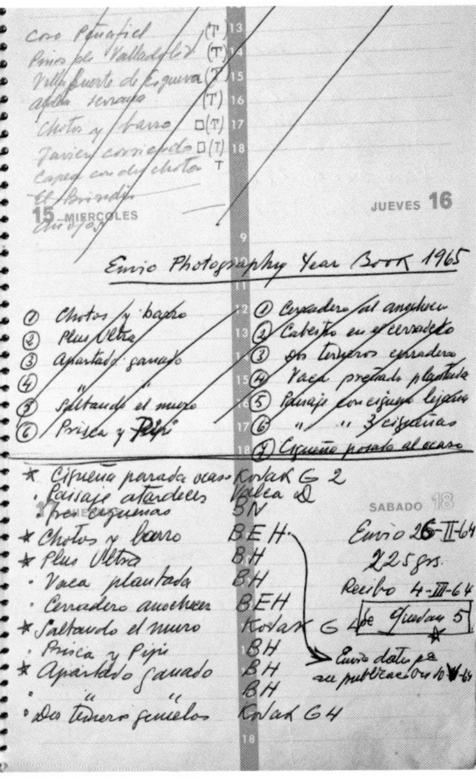

a Paco Gómez: «Como fotógrafo destacado de vuestro grupo, Cantero se está llevando los mejores elogios. Su pequeño reportaje de una fiesta campestre es estupendo a nuestro gusto y dejó maravillado a Casademont, que nos visitó el pasado domingo.» Sin duda, Josep María Casademont fue, desde la barcelonesa Sala Aixelà, el teórico, crítico e impulsor de fotografía más importante durante la década de los sesenta.

La documentación sigilosamente guardada por Cantero nos dice mucho de él como persona. Solterón contumaz, fue generoso con los suyos. El padre de Cantero fue fotógrafo amateur y él heredó la afición. Retraído, el reconocimiento en un concurso fue suficiente recompensa. Además de fotógrafo, fue escritor, poeta, apicultor y empresario. Fue metódico, calculador, riguroso y meticuloso,

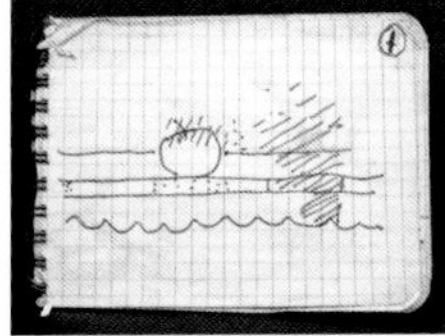

Cuadernillo de bocetos para
Bodegón, 1977

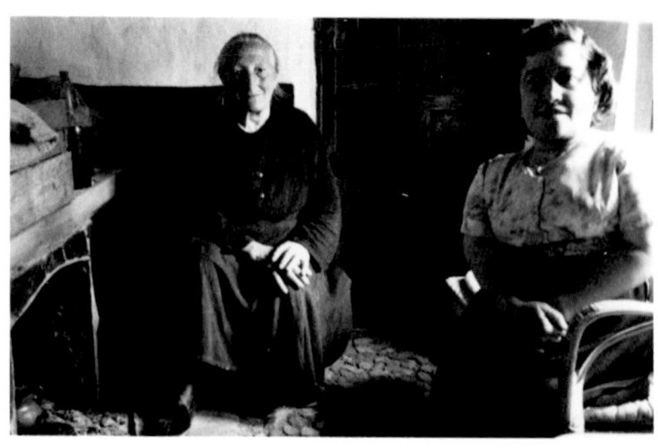

Sin título. Fotografía hecha
en la finca de Dehesa de Hoyos

y testigo de ello son las anotaciones en dos cuadernos. La primera entrada en su agenda está fechada en 1958 y la última, en 1969. Las primeras entradas contienen información sobre el envío (y devolución) de fotografías a concursos y salones, su publicación en anuarios y los detalles técnicos empleados en tomas concretas.

En el segundo cuadernillo, Cantero dibujó nueve bocetos diminutos para *Bodegón* (1977), los cuales nos permiten vislumbrar su método creativo. Presente en los nueve bocetos está la manzana con rabo, centrada en la composición y colocada encima de una mesa de mármol, decorada con ganchillo. En cada uno hay ligeros cambios de posición. En los primeros cuatro bocetos, los enfoques de la luz cayendo sobre la fruta los indicó mediante rayas rojas dibujadas sobre la imagen. En los restantes cinco, el fotógrafo añadió un jarrón con tapa e introdujo una cenefa en la parte superior, paralela al ganchillo. En varios de estos últimos bocetos, escribió «ojo» en color magenta. En la fotografía final, sin embargo, descartó el rabo de la manzana, el jarrón con tapa y la cenefa. Después de tantas pruebas, Cantero volvió a la sencillez del primer boceto. La luz, dramáticamente centrada en la manzana, iguala el protagonismo de la fruta dentro de la composición, tal como se destaca la presencia de una estrella en el escenario.

Una gran parte de los *vintage* guardados por Cantero se concentran en dos temas: los años en la finca de la Dehesa de Hoyos, en Sotillo de la Adrada, desde los inicios de los años cincuenta hasta 1972, aproximadamente; y su viaje a París en 1962.

La Dehesa de Hoyos, que pertenecía a la familia desde el siglo XIX, constituía un mundo contenido y autosuficiente en donde el fotógrafo retrató a toda su extensa familia, que incluía a los trabajadores y sus hijos, algunos de los cuales vivían en la finca. Las fotografías transpiran libertad en ese mundo de estructura flexible pero cerrada y protegida de la penuria del tardofranquismo. Los retratos de Cantero evidencian una coexistencia apacible que refleja en muchas maneras el humanismo encontrado en la exposición de *The Family of Man* (1955), cuyo catálogo se convertía en la Biblia de las asociaciones fotográficas de Barcelona, Madrid y Almería.

En adición a los retratos familiares, Cantero reflejó fielmente el día a día en la finca, y el ambiente y las costumbres rurales; como, por ejemplo, el marcado de las reses realizada ritualmente cada 28 de diciembre. Cantero mostró gran ternura hacia los animales en La Dehesa de Hoyos. Para acompañar la fotografía del *Asnillo negro* (1970), mecanografió una novela corta (inédita), donde explica el triste final del asnillo, vendido a los gitanos con destino al matadero. Cantero guardó las distintas versiones del mismo cuento escritas por los niños de la finca. De este trabajo fotográfico, Manuel Alcántara escribió: «Con cuidado, con apenas luz y apenas sombra, con amor, ha sido fotografiado este asnillo reciente por un hombre al que intriga el mundo animal y lo perpetúa de modo entrañable: Leonardo Cantero»

En junio de 1968, un incendio forestal, provocado por un fumador negligente, arrasó la finca y los alrededores de Sotillo de la Adrada. Cantero fotografió el campo ardiendo e, indignado, pasó los siguientes cuatro años documentando la regeneración del bosque en una actitud claramente pre-ecologista, demostrando así su cercanía a

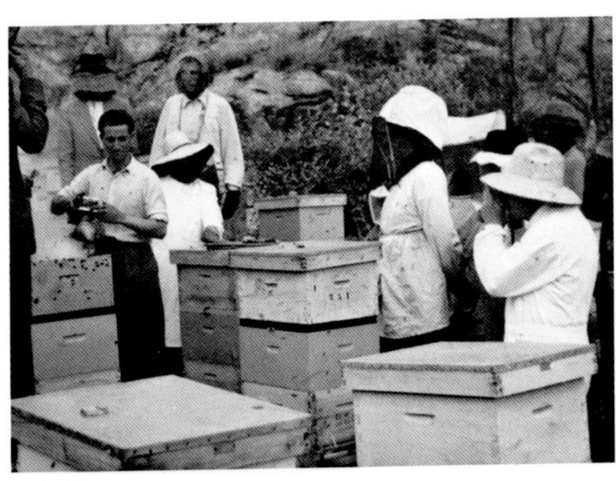

Escena de apicultura en la finca

la tierra. De particular mención son las fotografías sucesivas que documentan poéticamente el crecimiento de un árbol solitario en el valle. Empleaba diapositivas en color y las presentó posteriormente en la madrileña Real Sociedad Fotográfica, de la calle Príncipe, con el título de *Elegía a un bosque muerto*.

Los primeros experimentos con el color realizados por Leonardo Cantero datan de 1961, cuando presentó en la III Bienal Internacional en París su serie *Mimetismo de los insectos*, en formato de diapositivas, laboriosa y artesanalmente elaboradas. Su interés científico se volcó en el estudio y publicación de los hábitos de la mantis religiosa y de la apicultura que se desarrollaba en la finca familiar. La empresa para la venta de miel Panal de Oro. Mieles de Calidad. Valle del Tietar estaba en la casa familiar de la calle Atocha 41, junto al laboratorio fotográfico y a la vuelta de la esquina, se encontraba la Real Sociedad Fotográfica, su segundo hogar, que el grupo La Palangana, fundado en 1957, utilizaba como base de operaciones, además de la Cervecería Alemana en la Plaza Santa Ana y la cripta del Café de Lyon. Cantero era el mayor del grupo, tenía 55 años.

El segundo tema que se aborda en la mayoría de los *vintage* guardados por el fotógrafo es su viaje a París. En 1962, él y otros diez fotógrafos españoles viajaron a la capital francesa, patrocinados por el Comisariado de Turismo Francés. Fue su primer y único viaje profesional al extranjero. A su regreso, elaboró una maqueta que tituló *Gentes de París* (también inédita), que deja entrever que el viaje

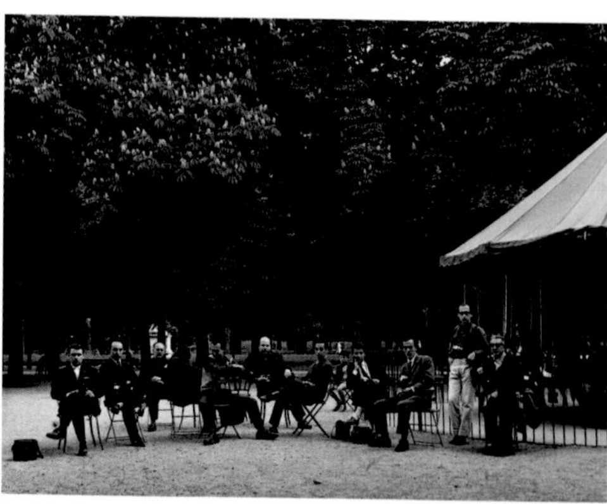

Foto de grupo en París, 1962. Cantero escribió en el reverso, a máquina: Forcano, Mme.Morelle, Gómez, Masats, Miserachs, Colom, Cualladó, Cubaro, Ontañón, Maspons, Cantero.

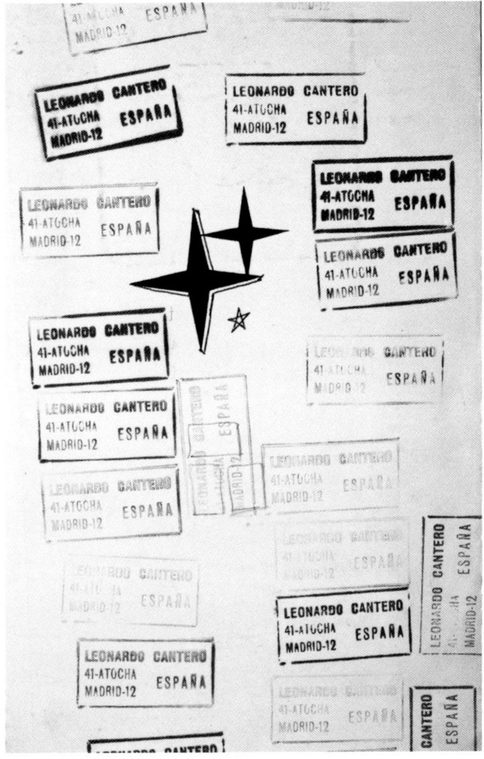

le fascinó. Estas fotografías permiten reconstruir lo que hizo durante esos días: conoció al pintor venezolano Pascual Navarro, visitó el atelier de André Lhote, fotografió al japonés Tsutomu Yoshikawa con su novia en el dormitorio, le pareció exótico el encuentro de un africano con una europea y frecuentó muchos cafés. Estos sujetos elegidos durante esa estancia también hablan mucho de Cantero como hombre.

En una carta de agosto de 1965, el célebre catalán Sebastián Gasch invitaba a Cantero a participar en el proyecto *Historia de la Fotografía Española* (La Polígrafa, inédito) y le solicitaba su concepto estético de la fotografía, expresado (por favor) en pocas palabras. La respuesta de Cantero al requerimiento fue este: «Llegar a la ética por la estética.» Escueto resumen de su filosofía tanto vital como fotográfica.

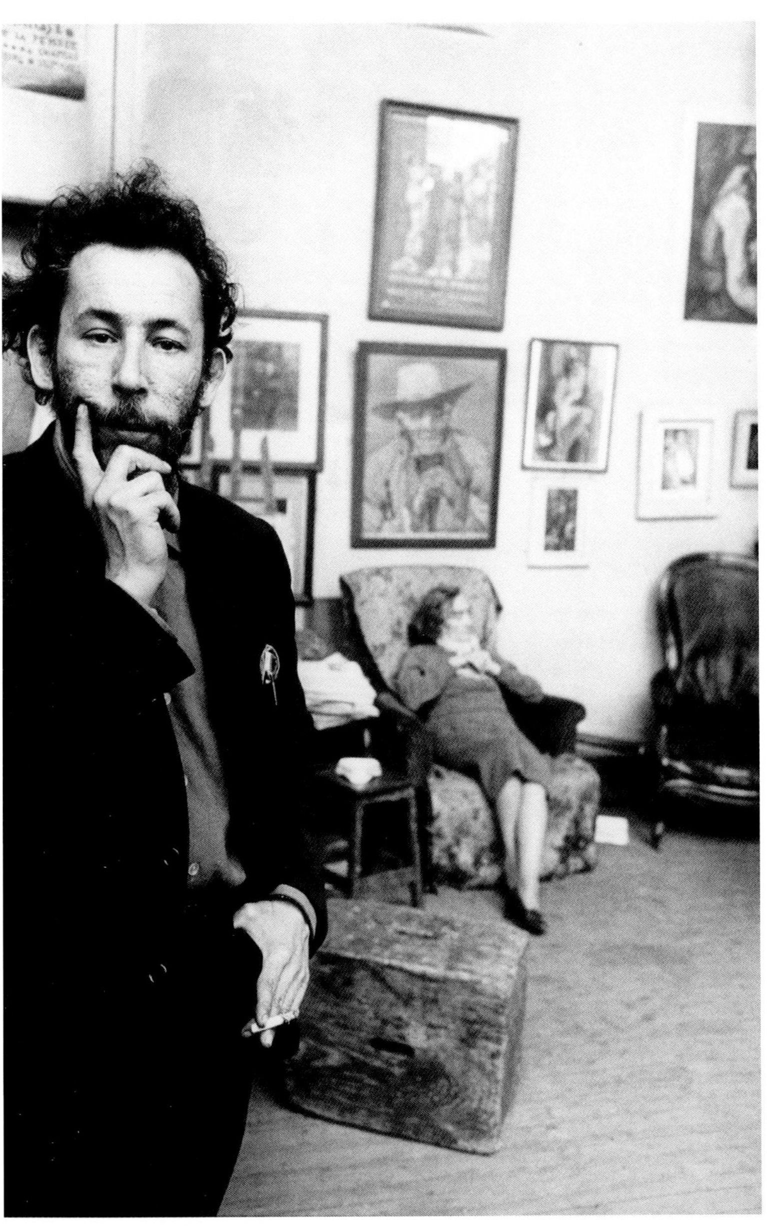

01. Sin título (El pintor Pascual Navarro, París), 1962

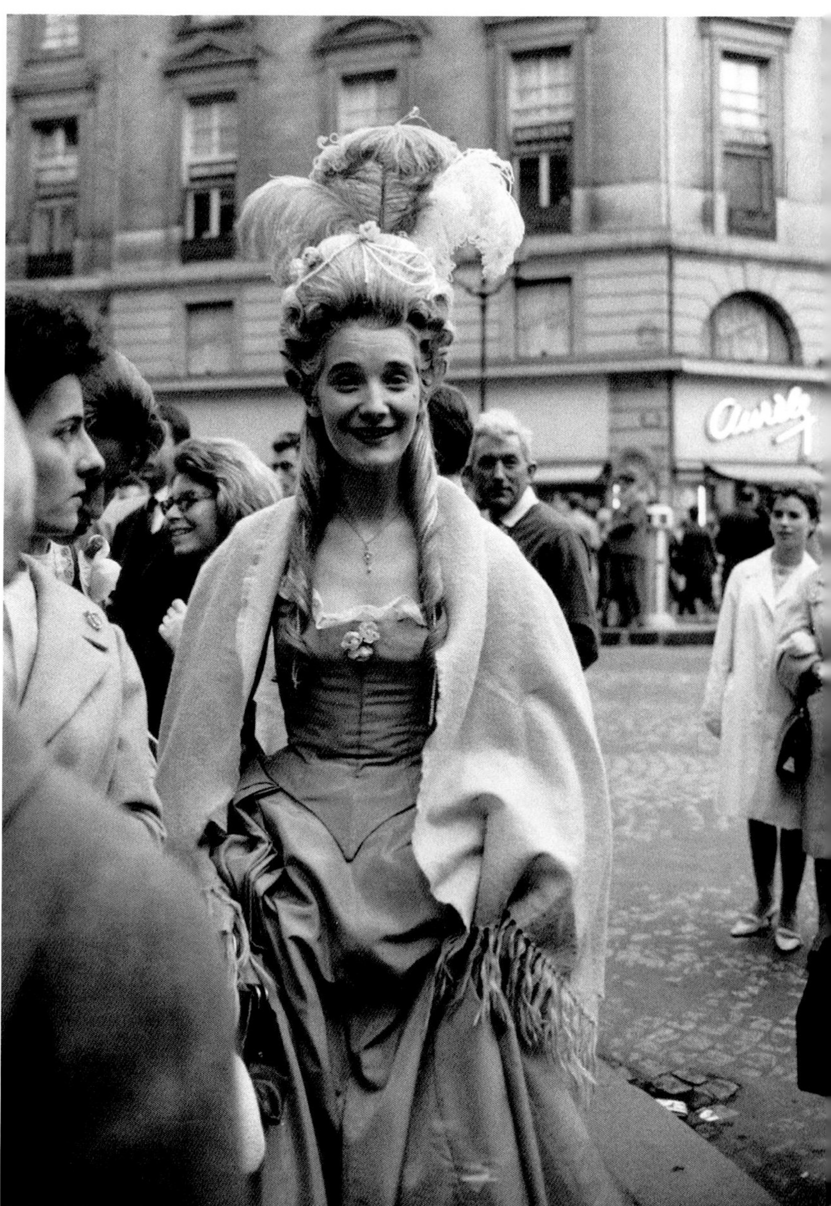

02. Disfraz, 1962

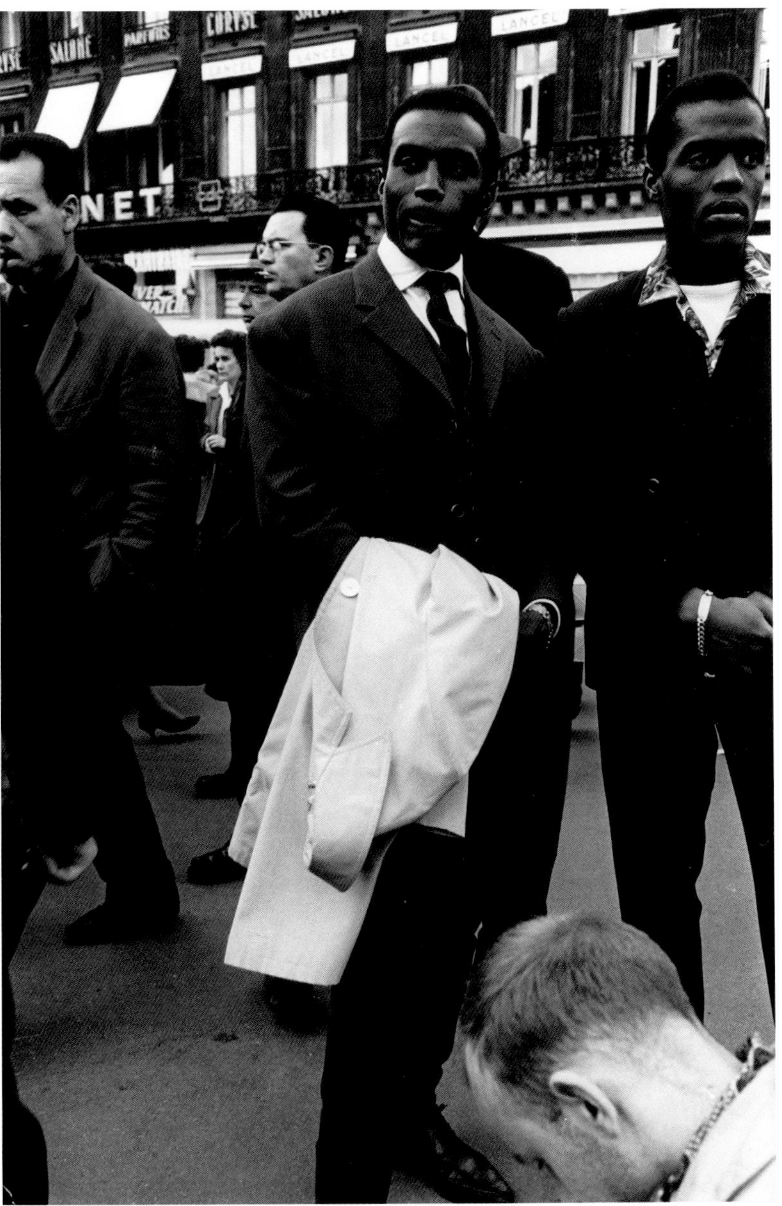

03. Sin título, 1962

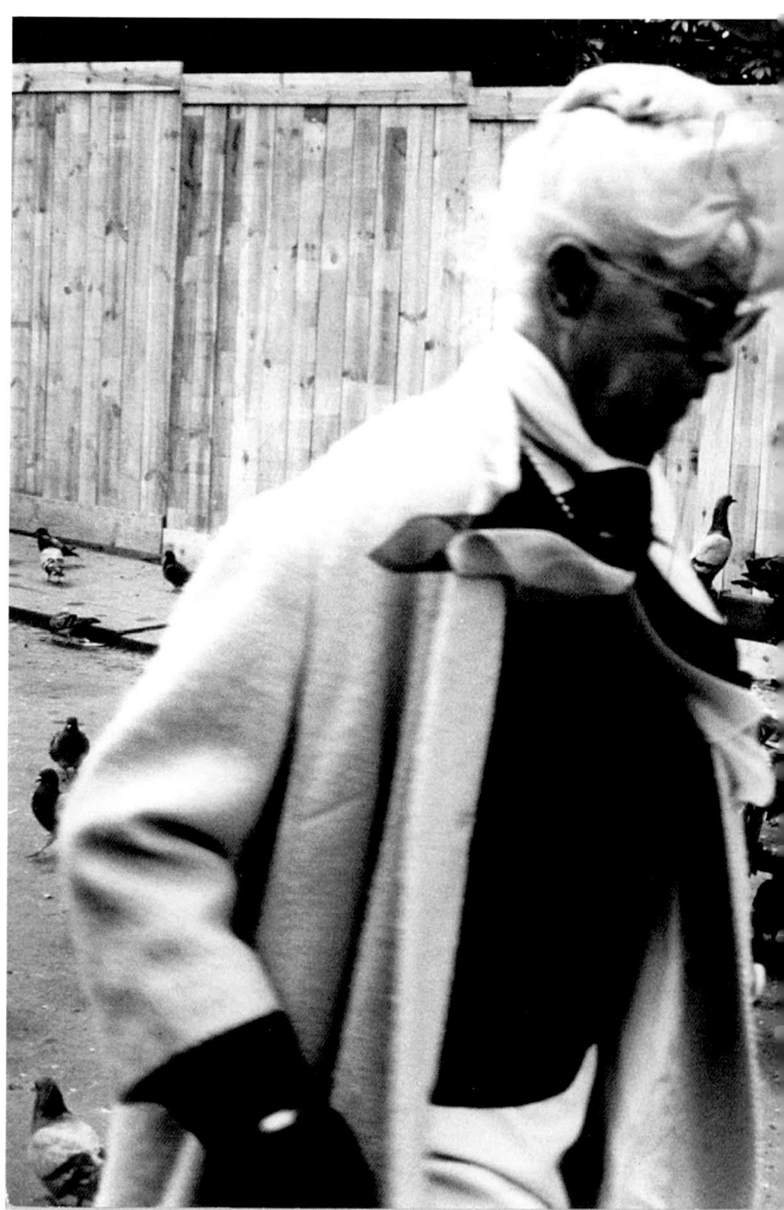

04. Sin título, 1962

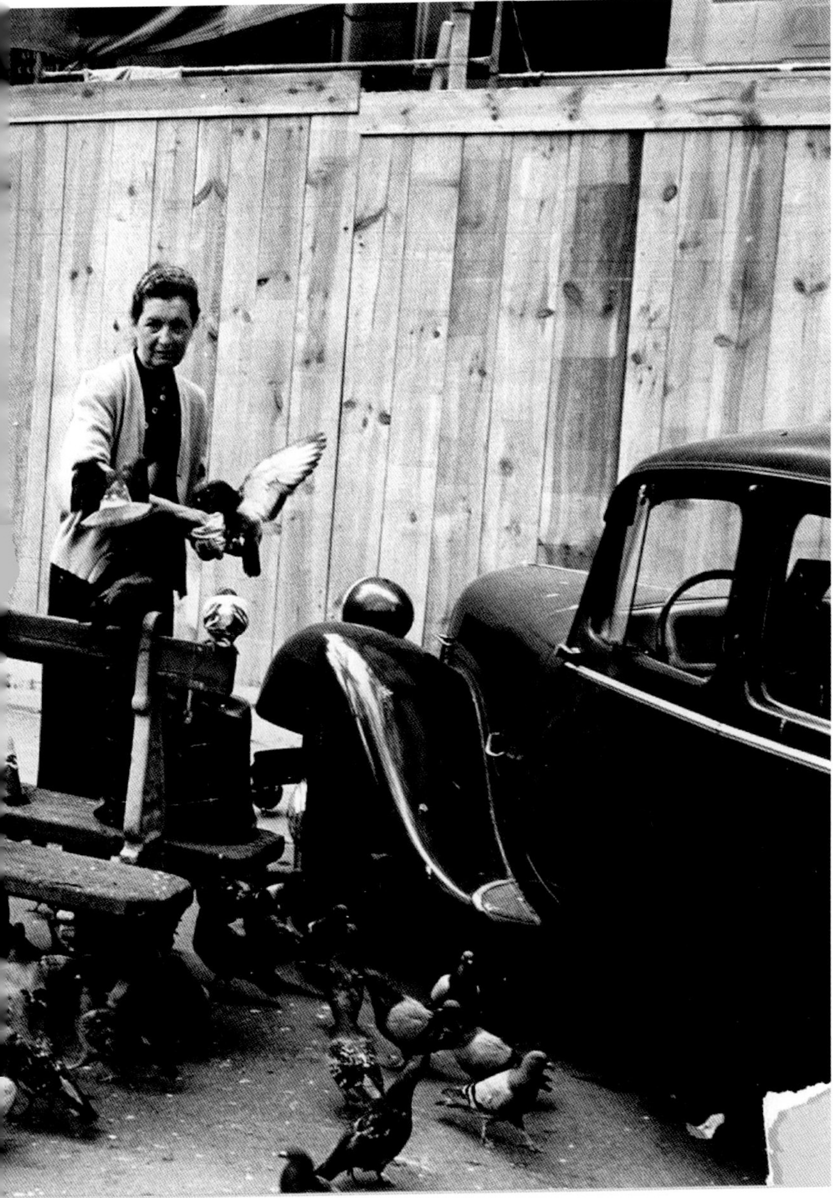

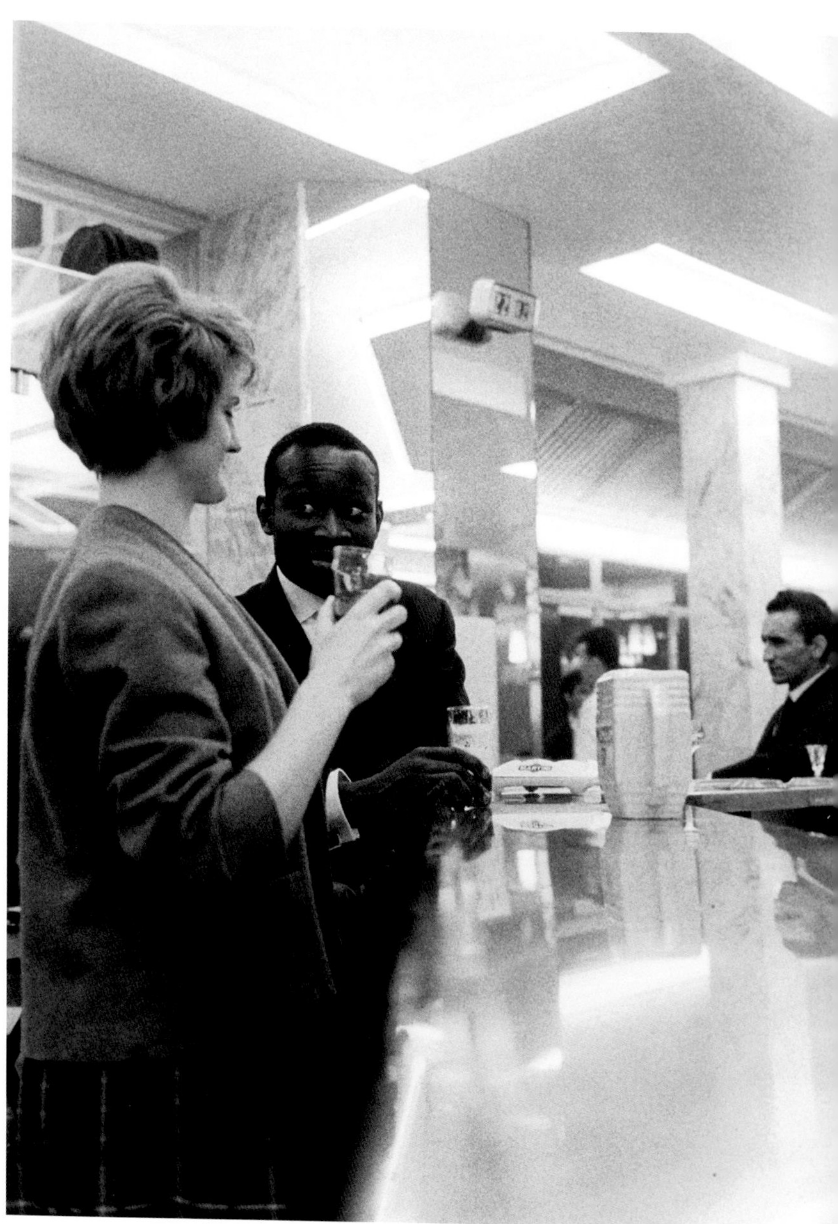

05. Sin título, 1962

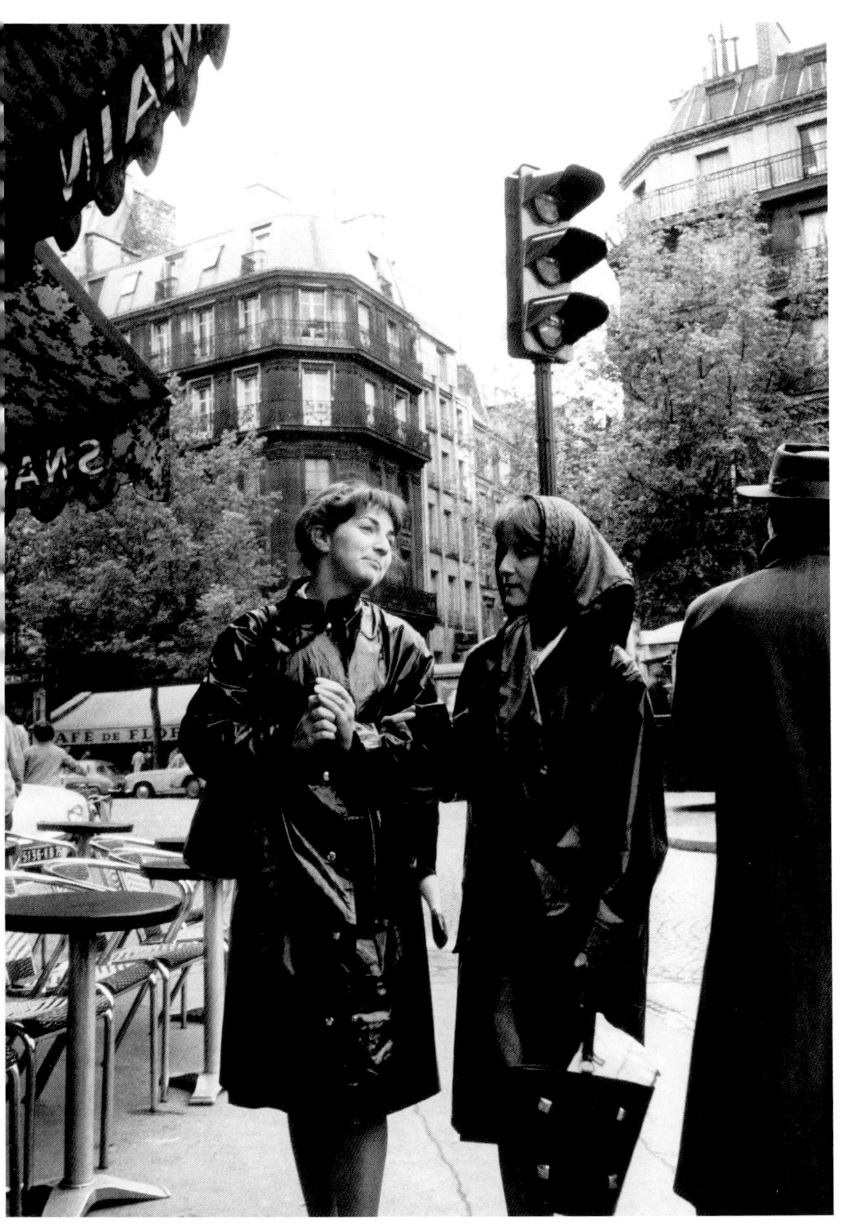

06. Sin título, 1962

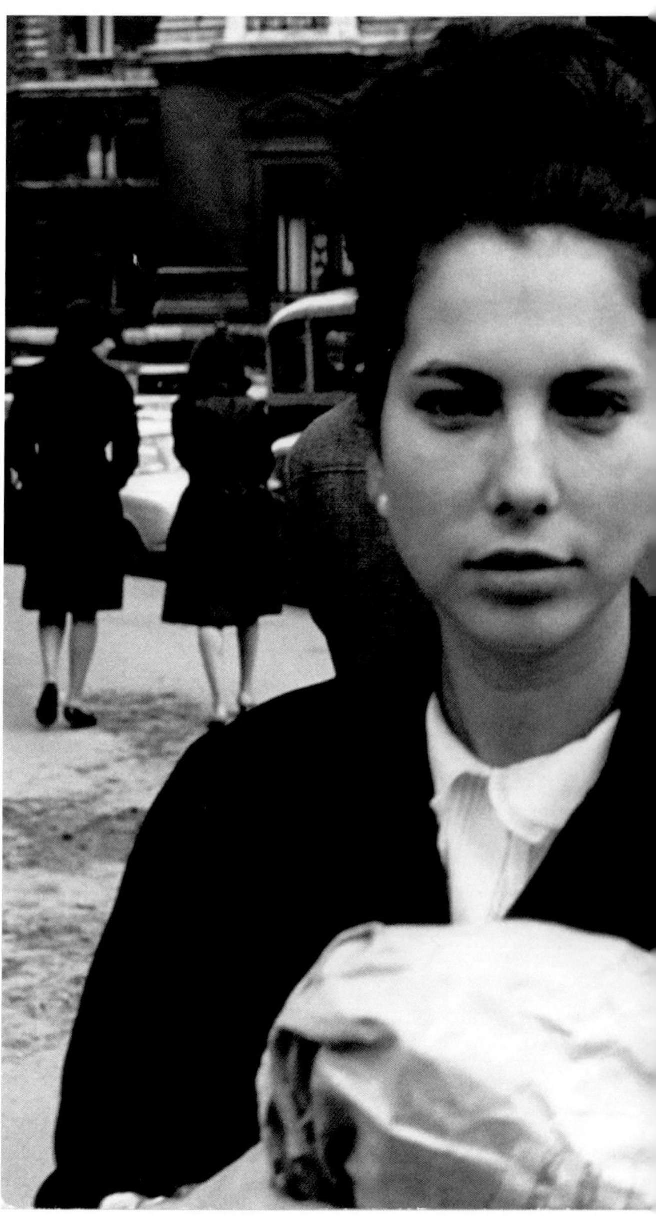

07. Sin título, 1962

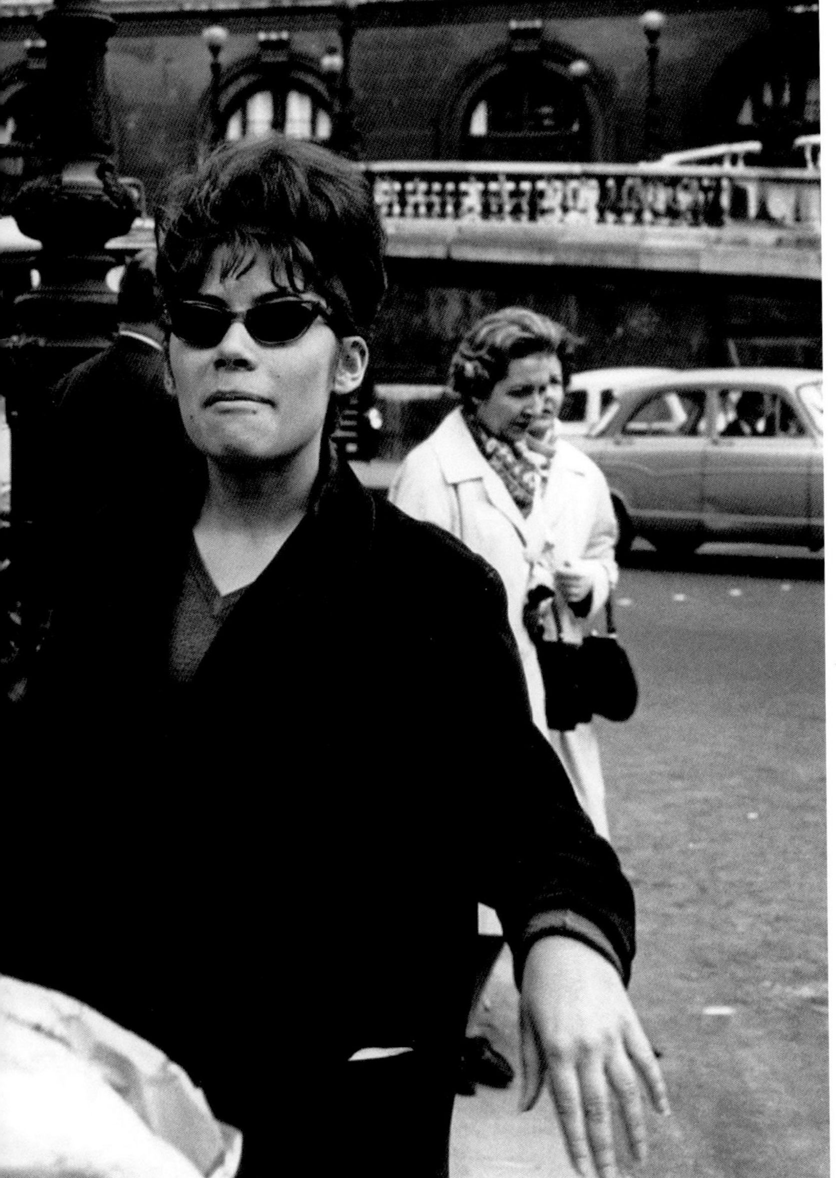

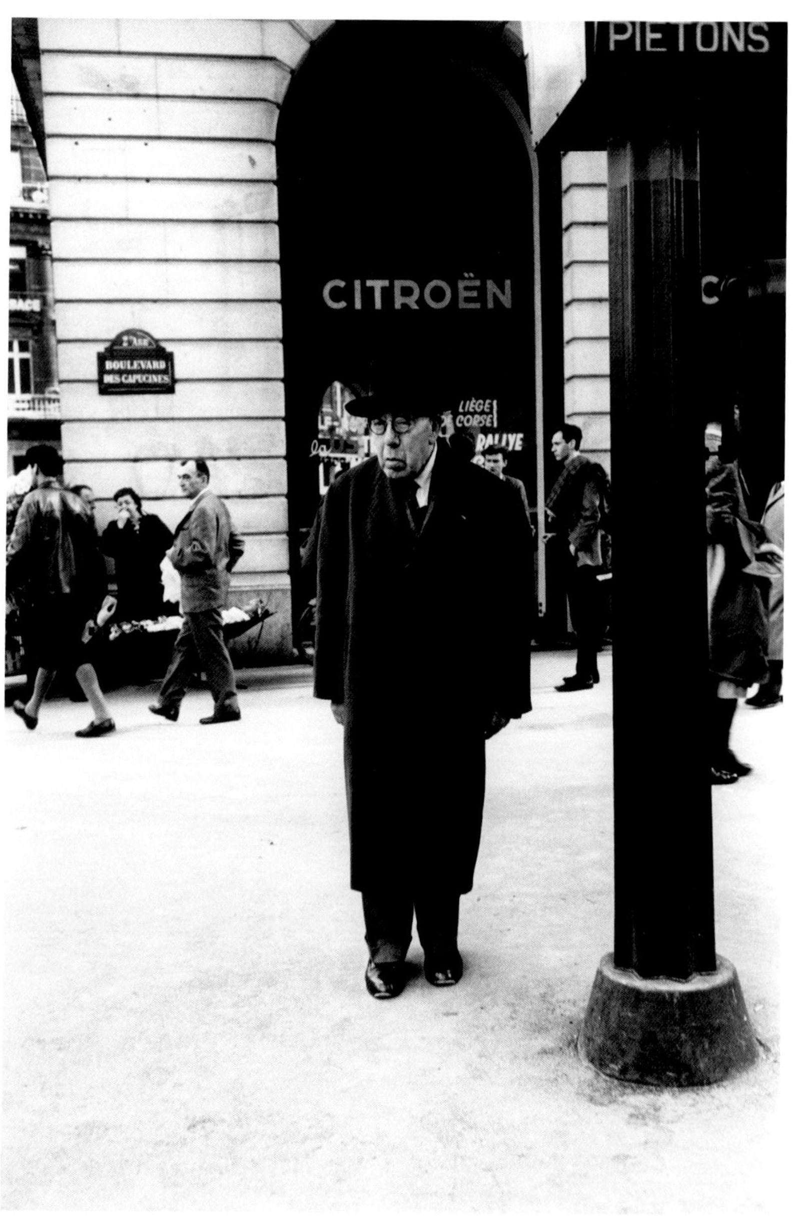

08. Sin título, 1962

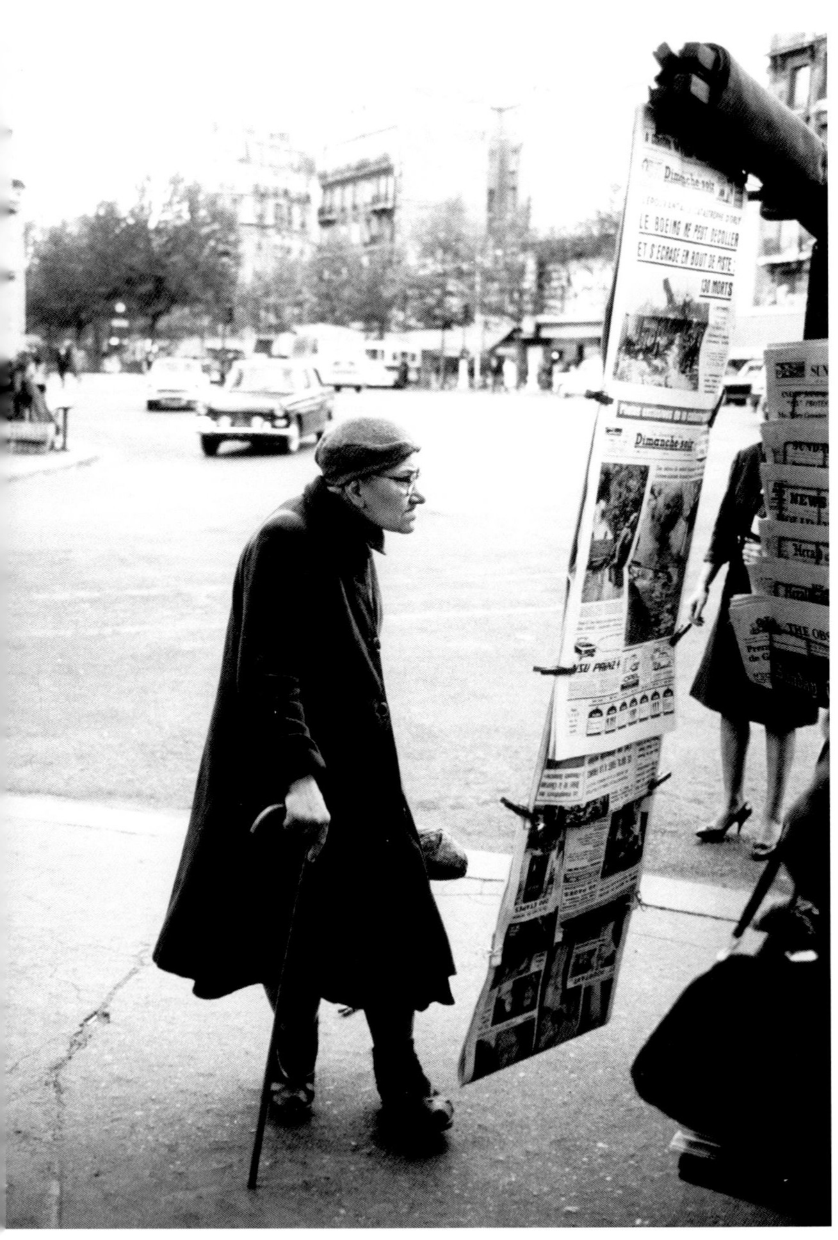

09. Sin título, 1962

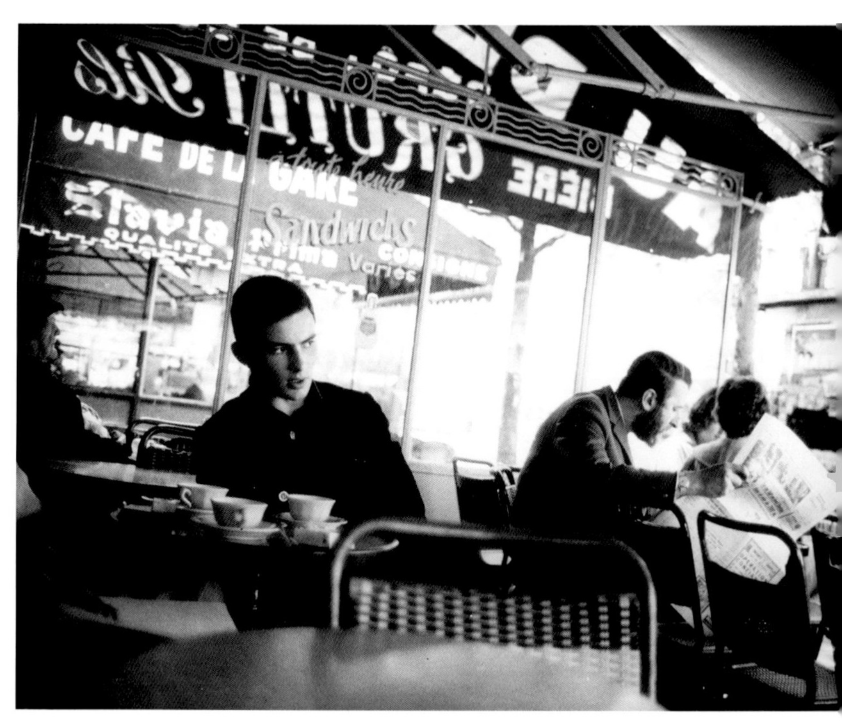

10. Sin título, 1962

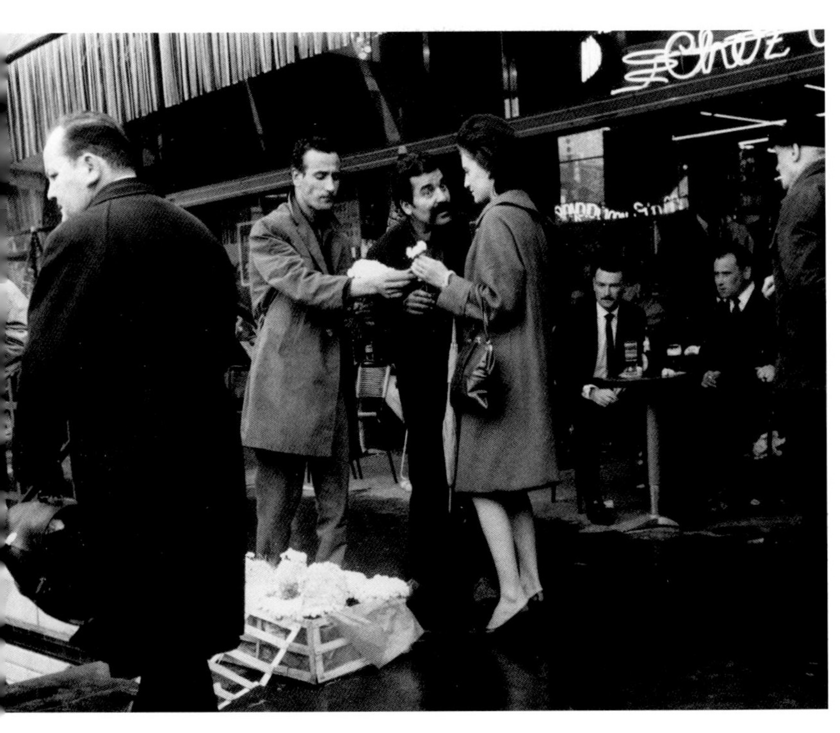

11. Sin título, 1962

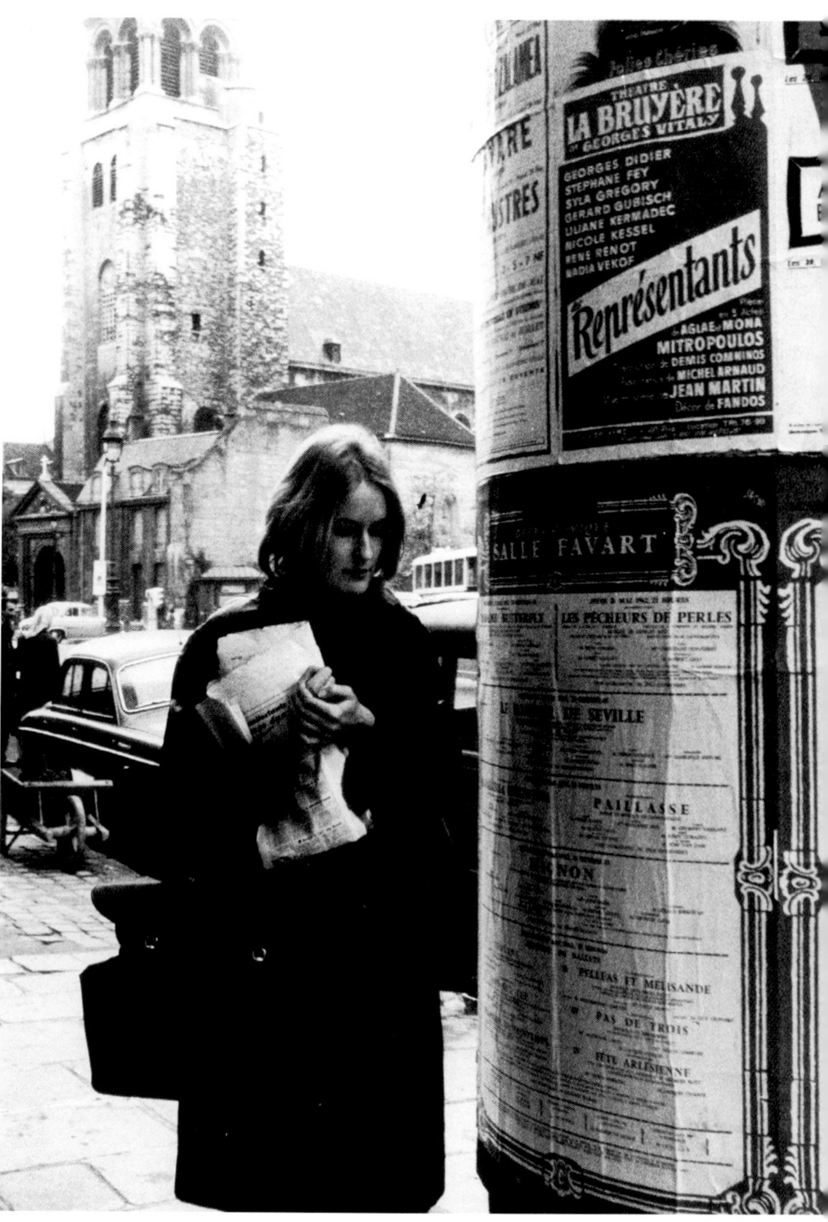

12. Sin título, 1962

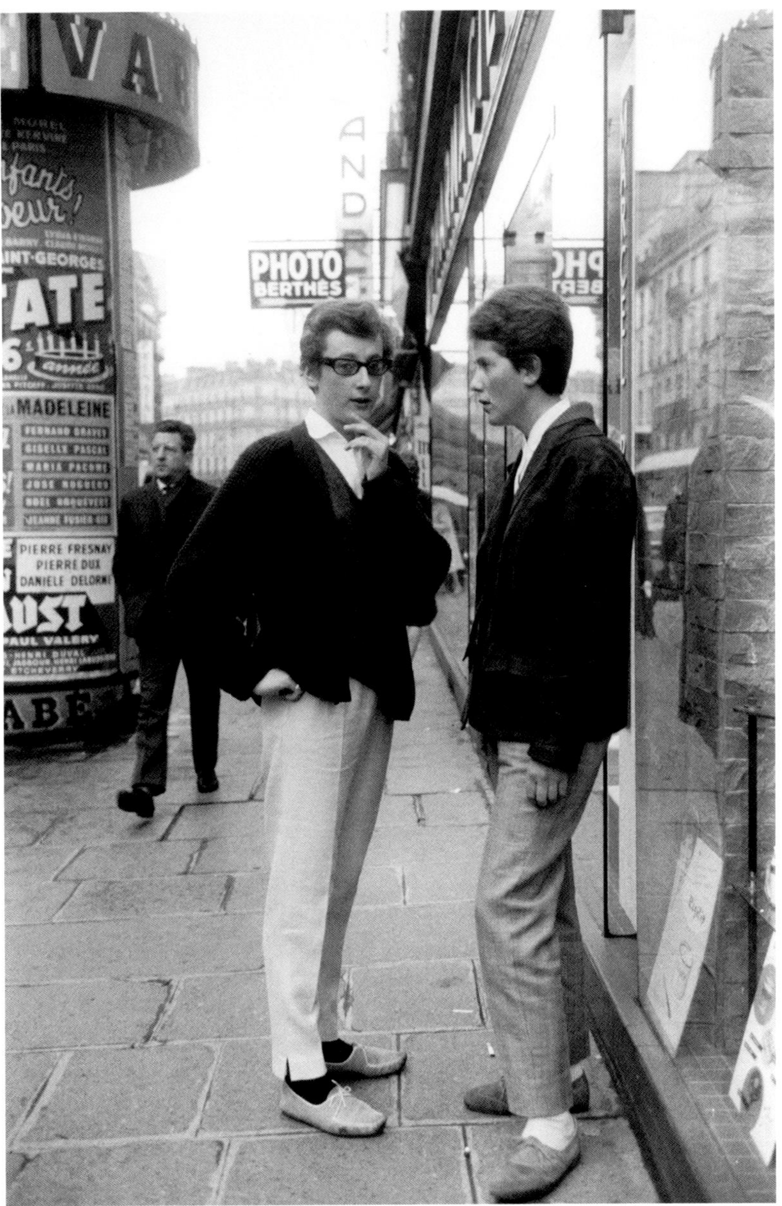

13. Sin título, 1962

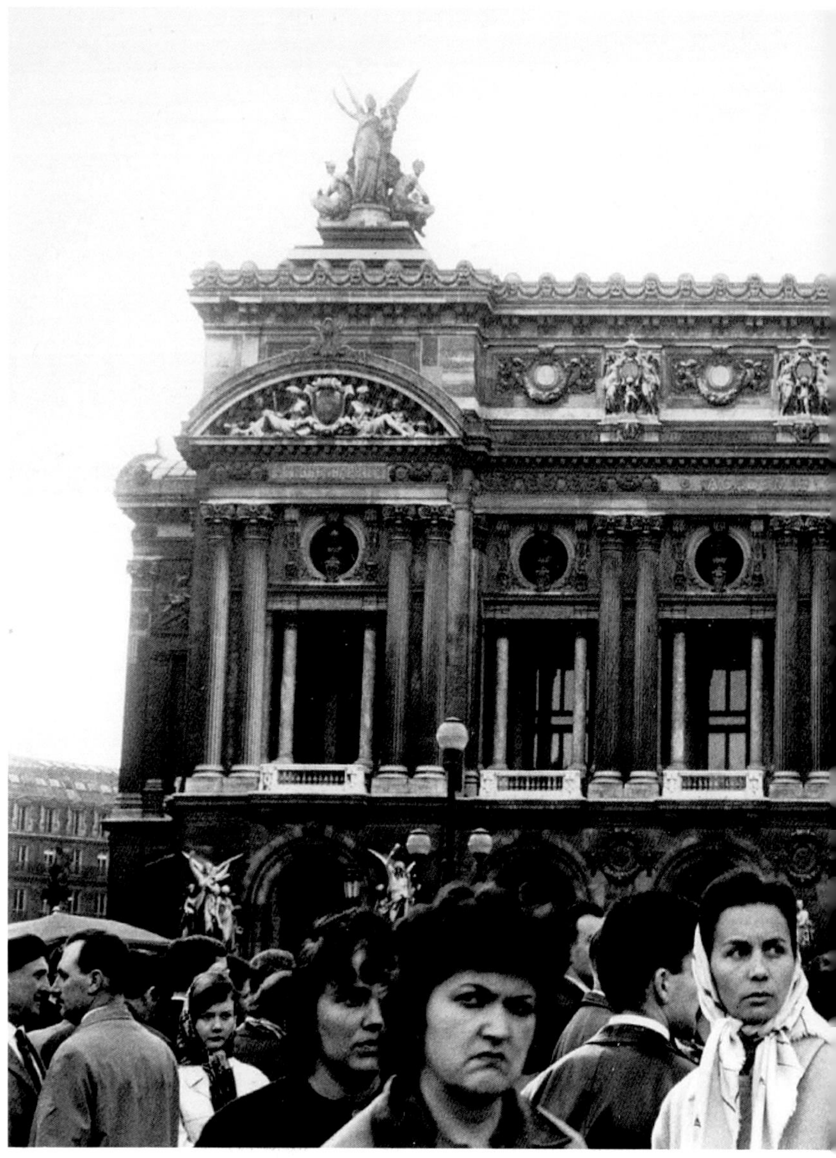

14. Sin título, 1962

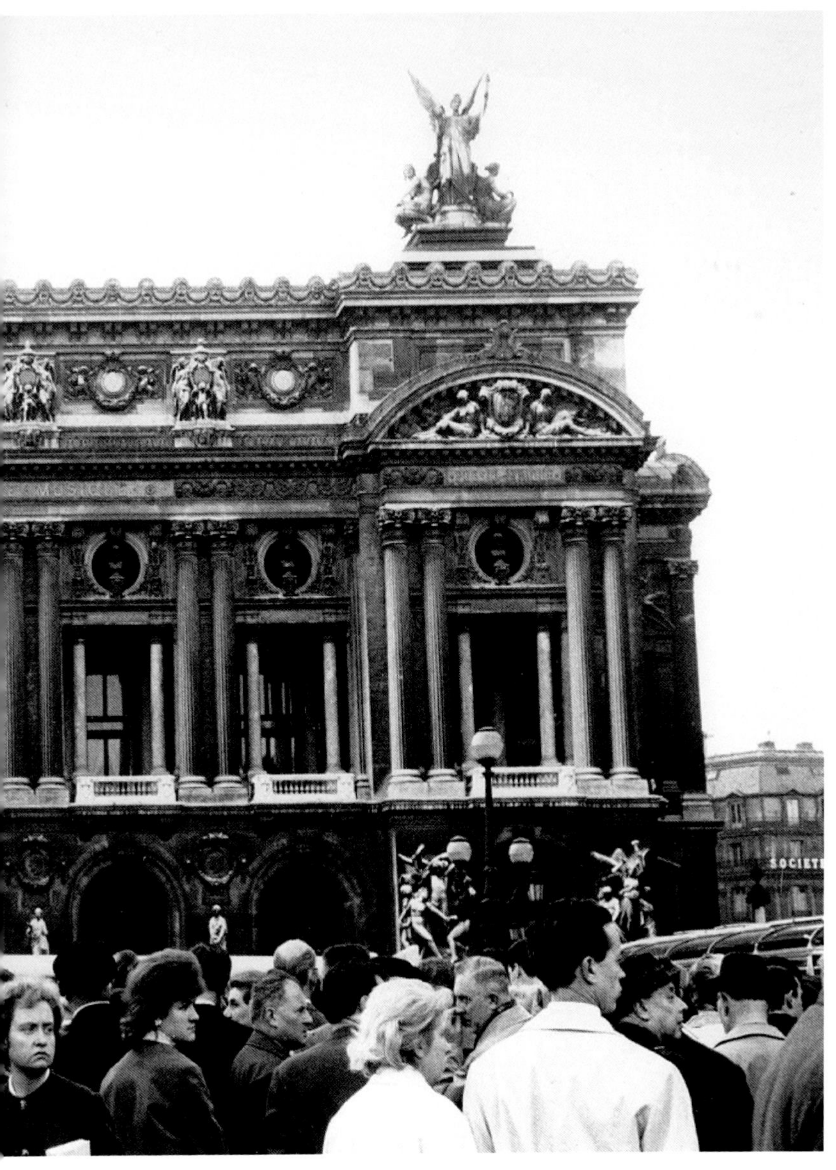

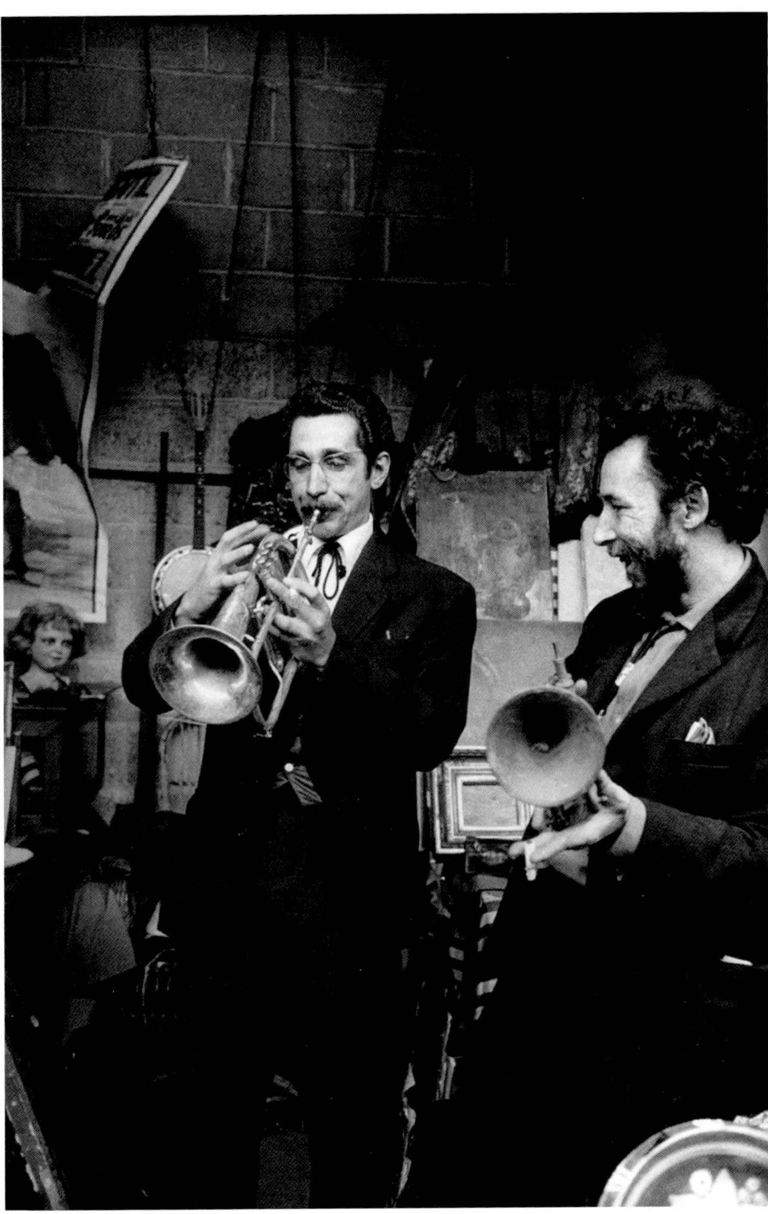

15. Sin título, 1962

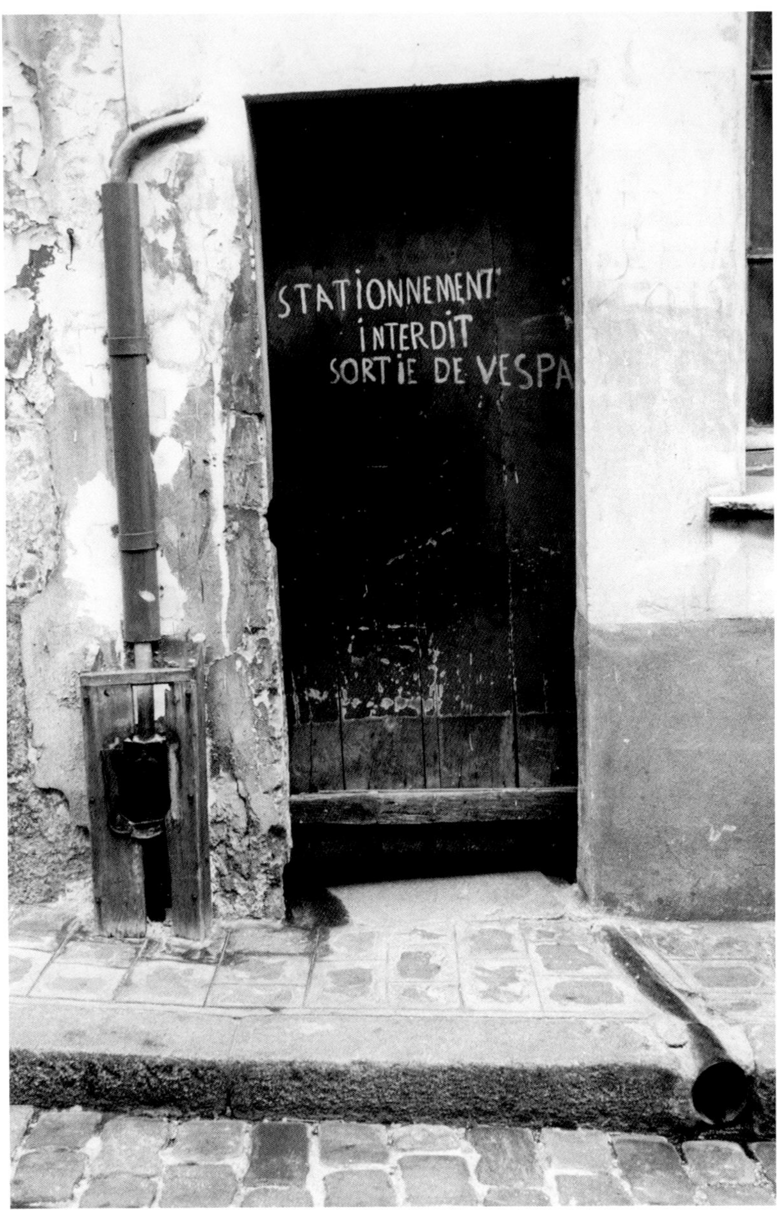

16. Sin título, 1962

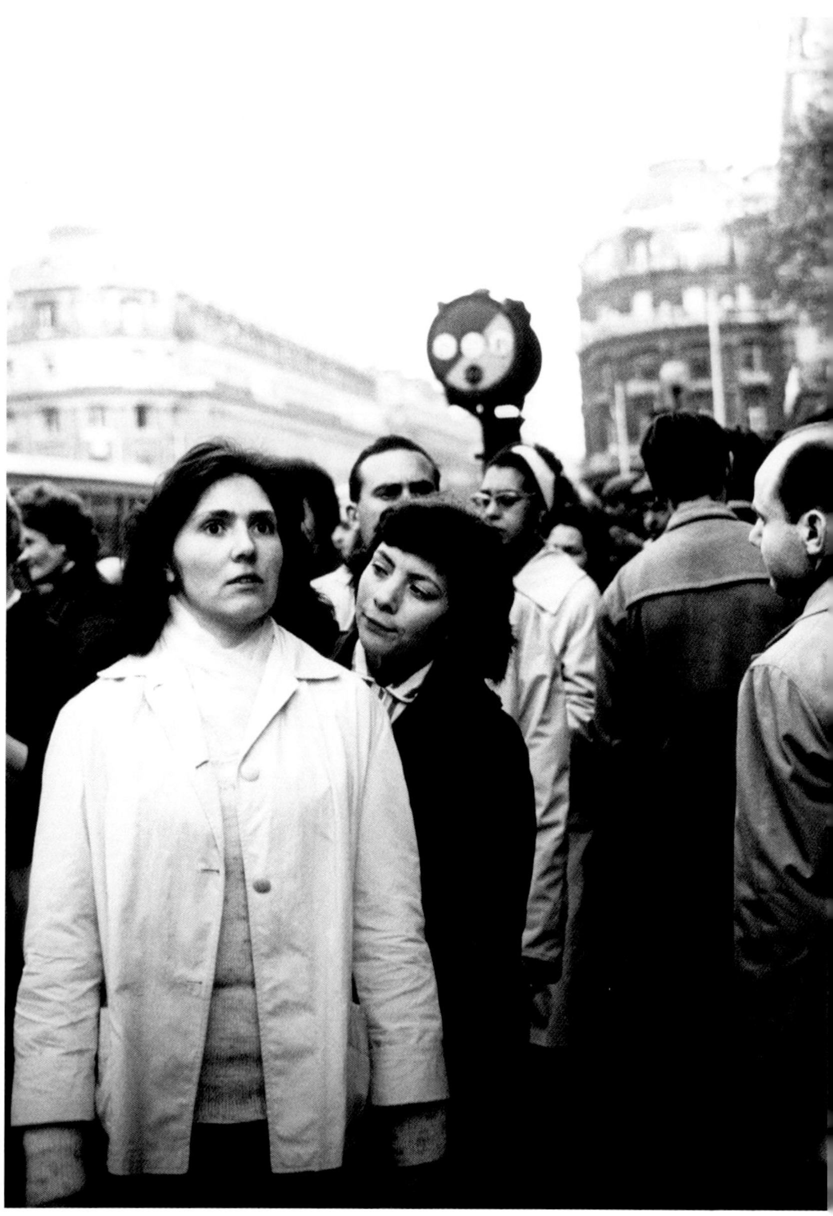

17. Sin título, 1962

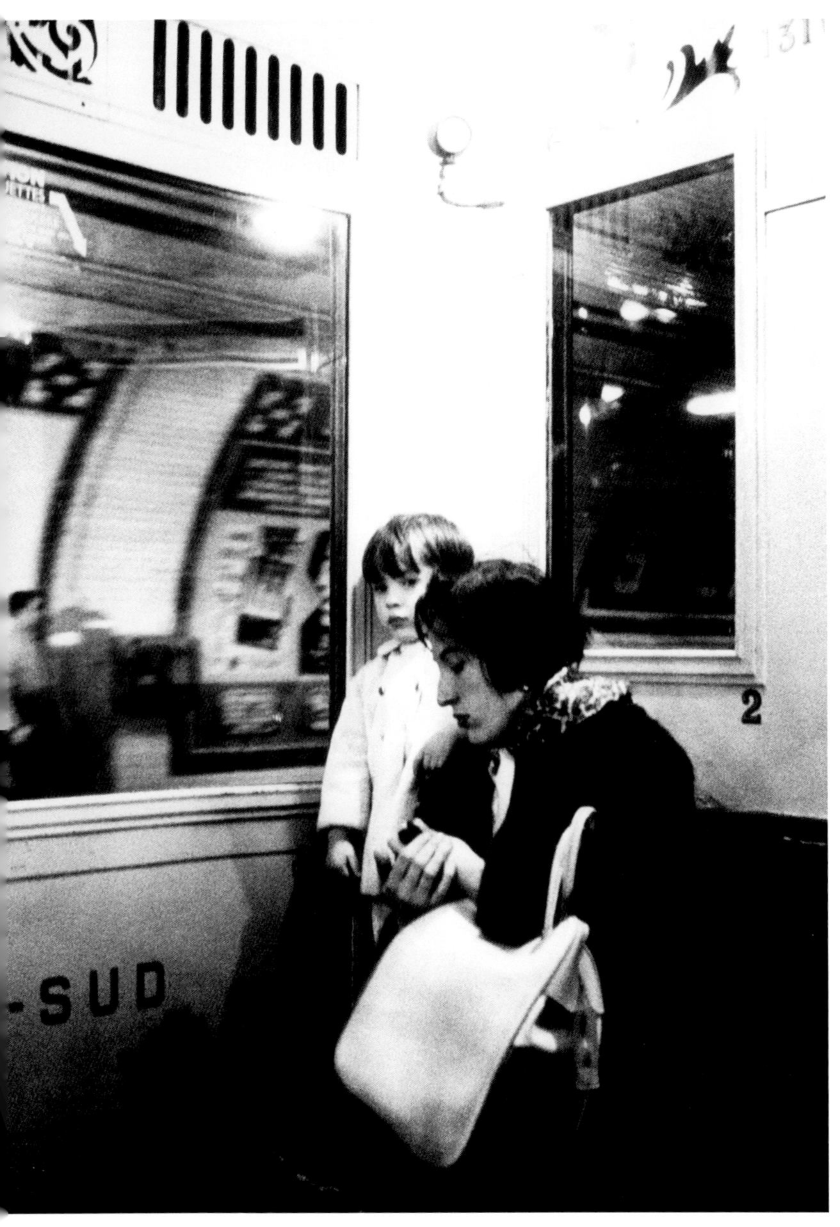

18. Sin título, 1962

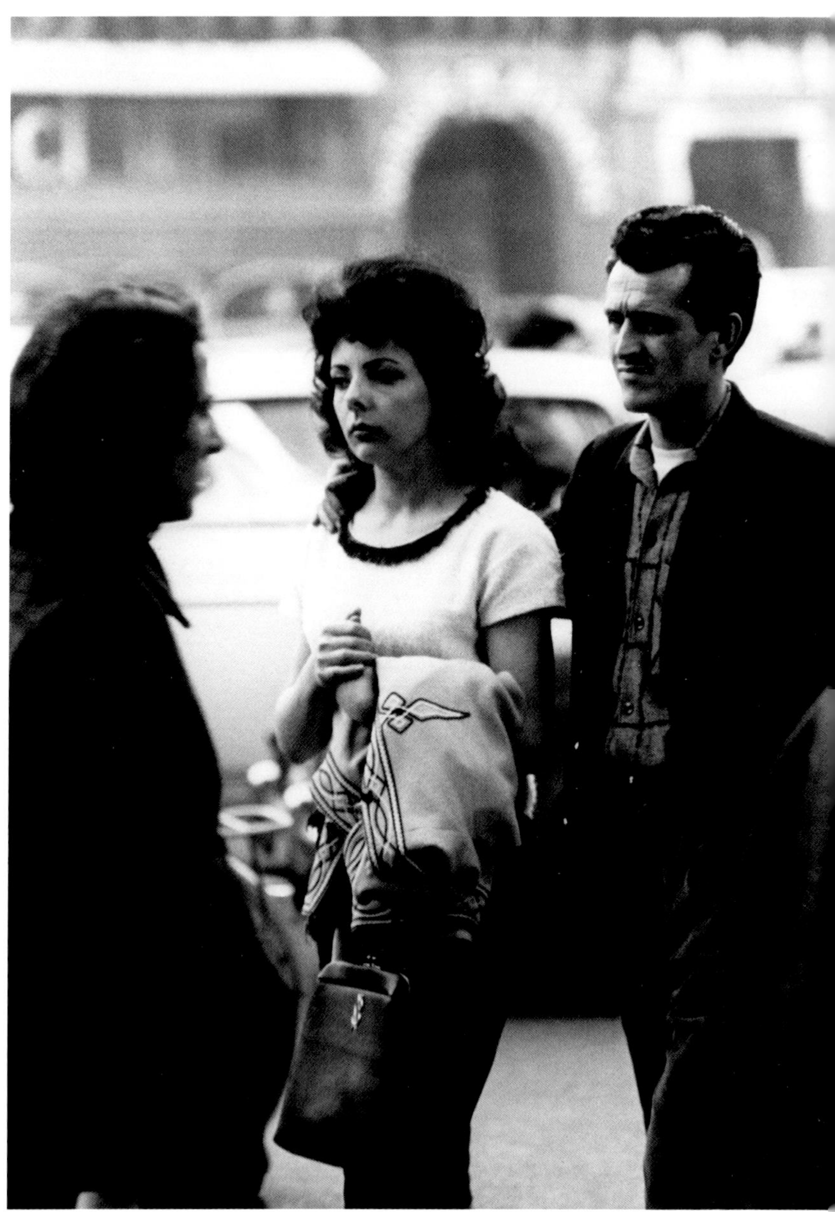

19. Sin título, 1962

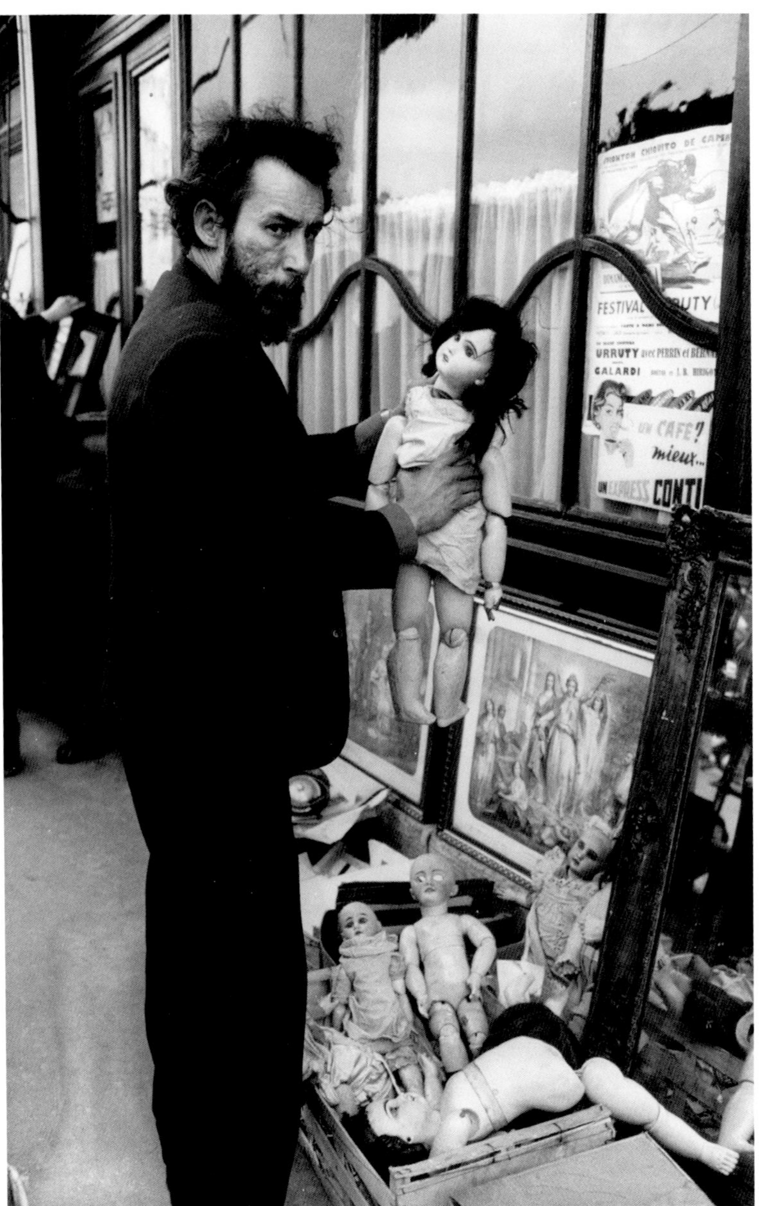

20. Sin título, 1962

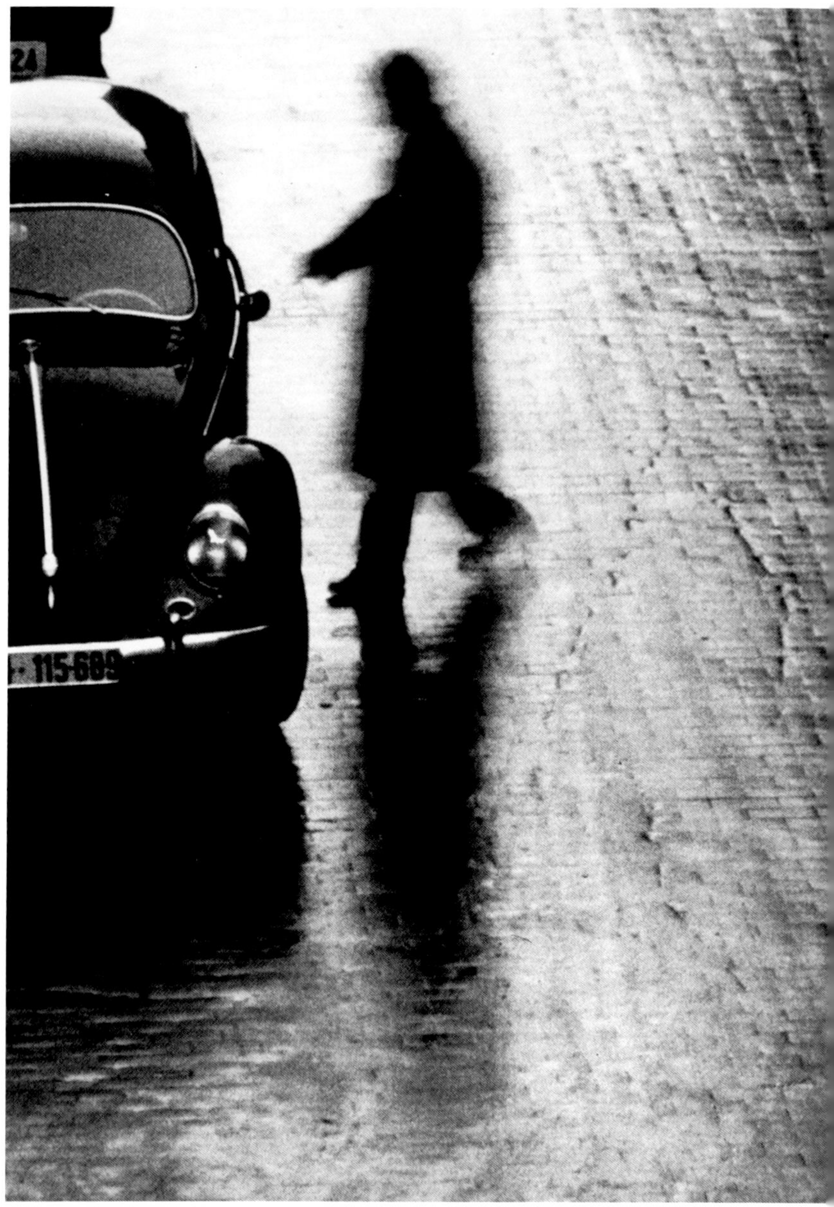

21. Sin título, 1962

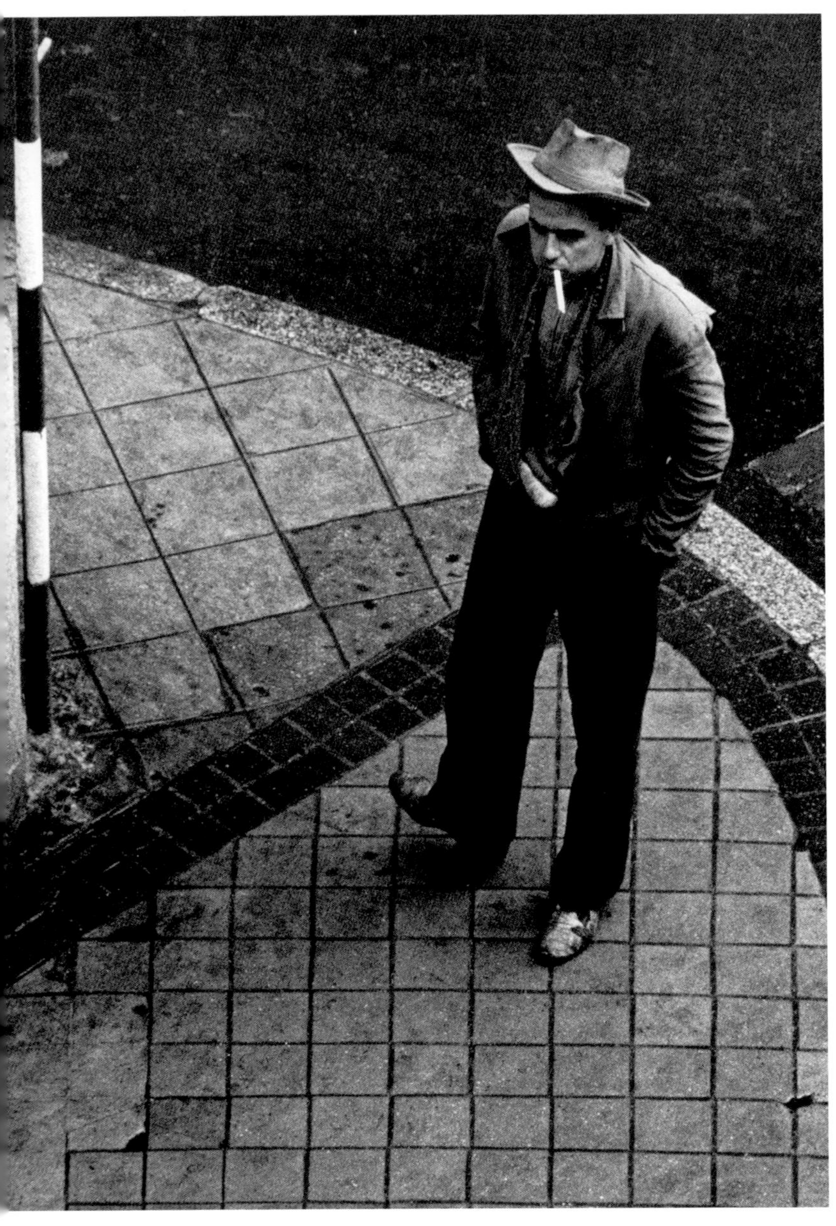

22. Sin título, 1962

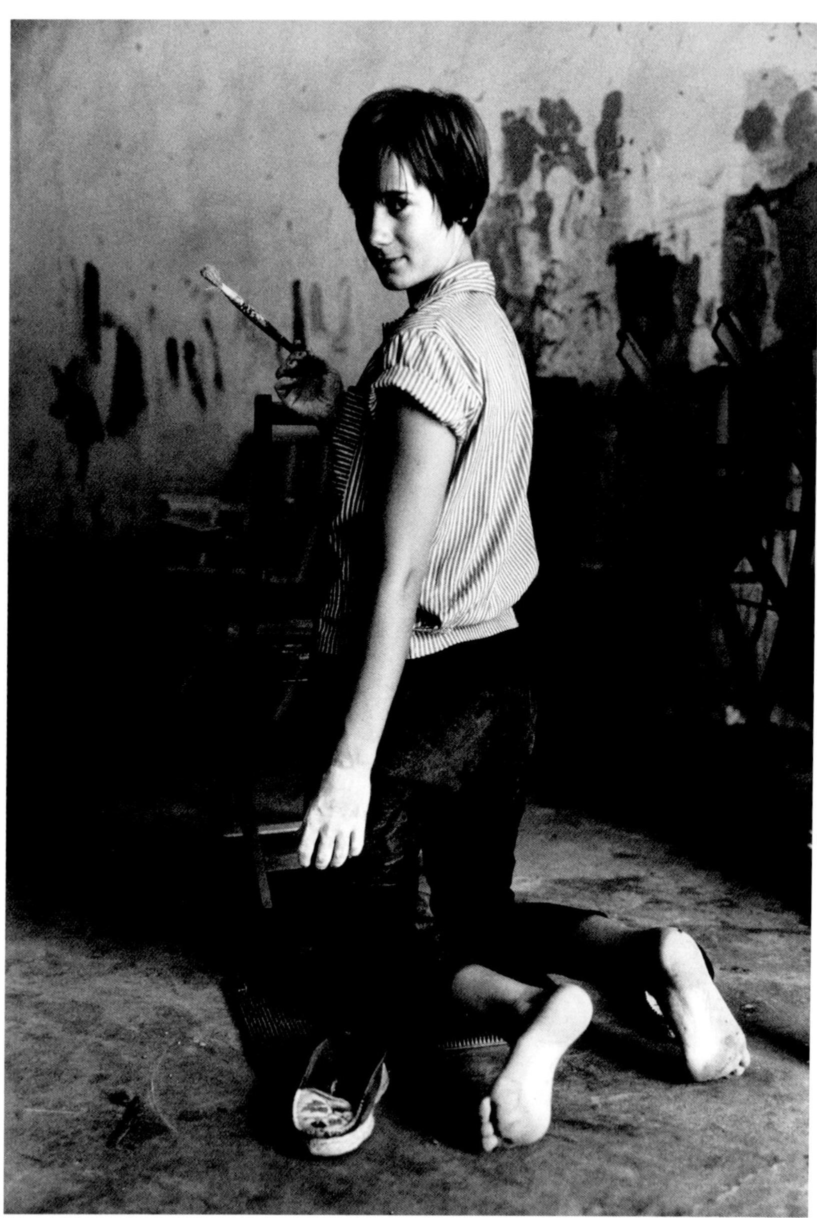

23. Sillas para mi jardín, *Ca.* 1960

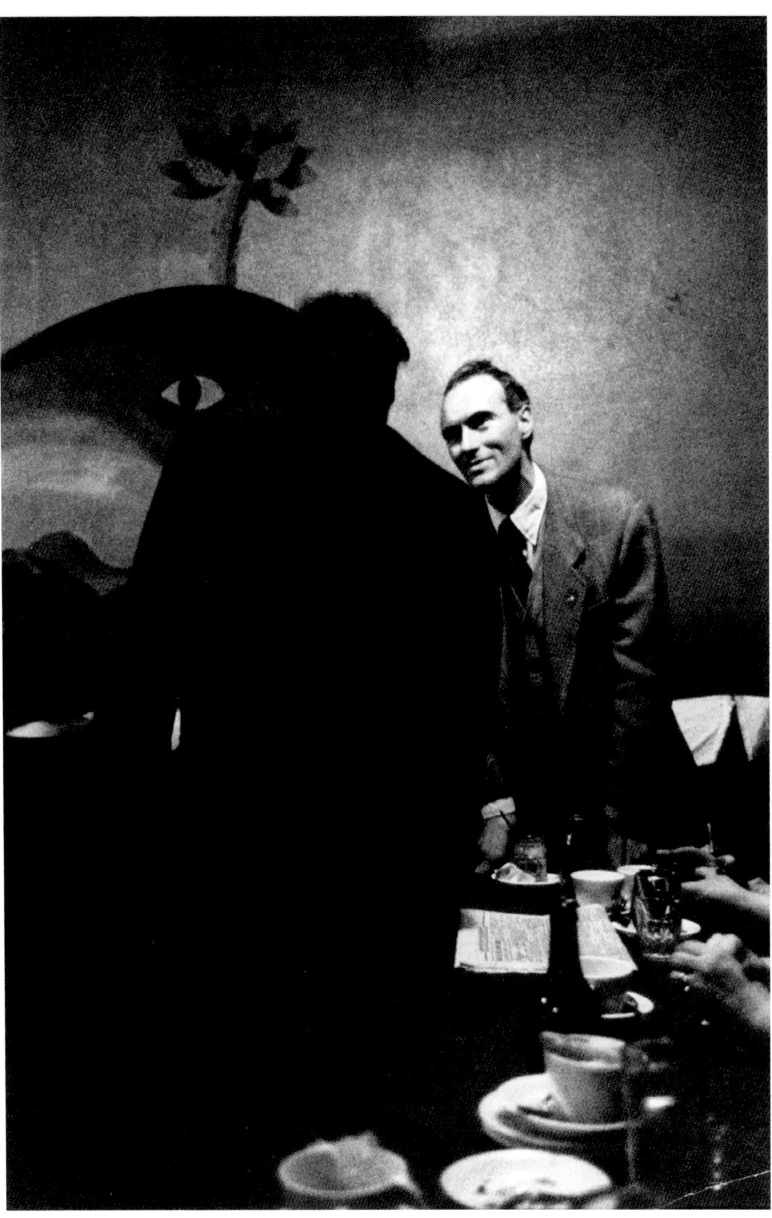

24. En La Ballena Alegre, 1962

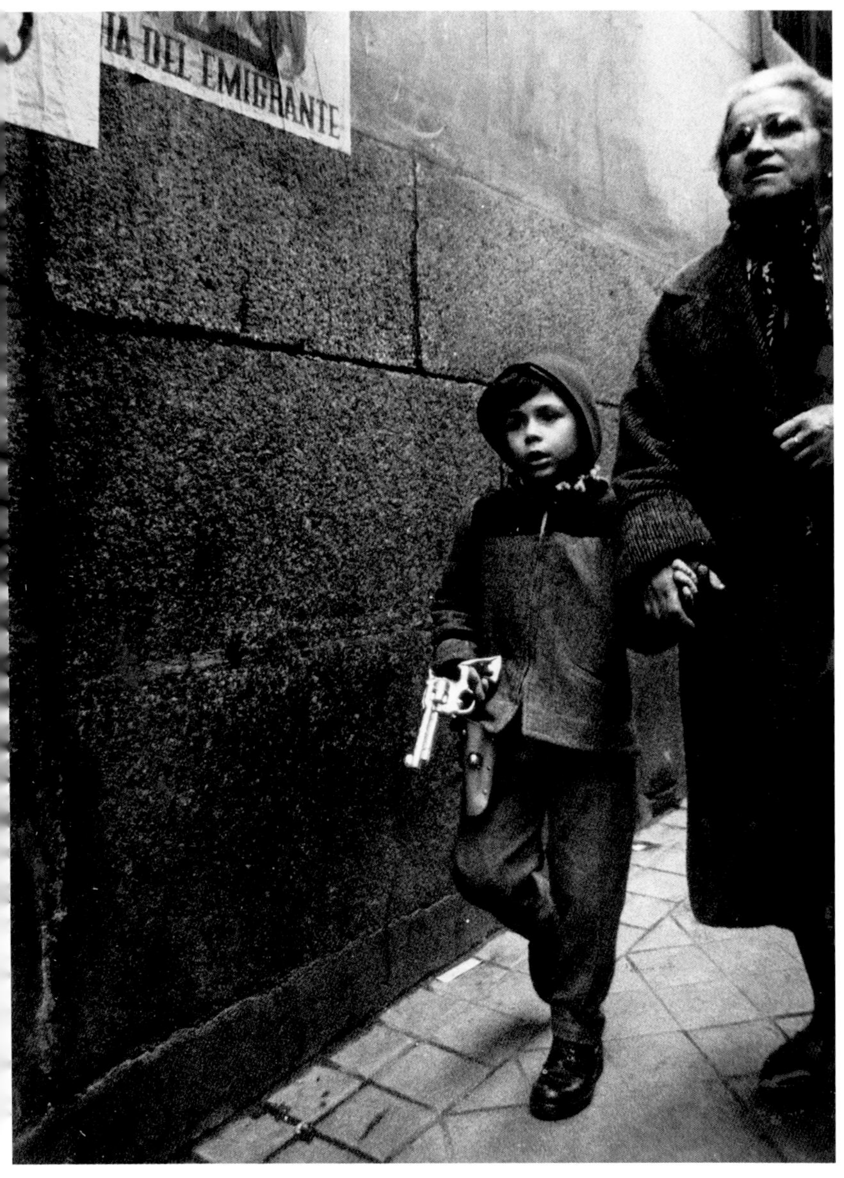

25. El nieto mayor, 1964

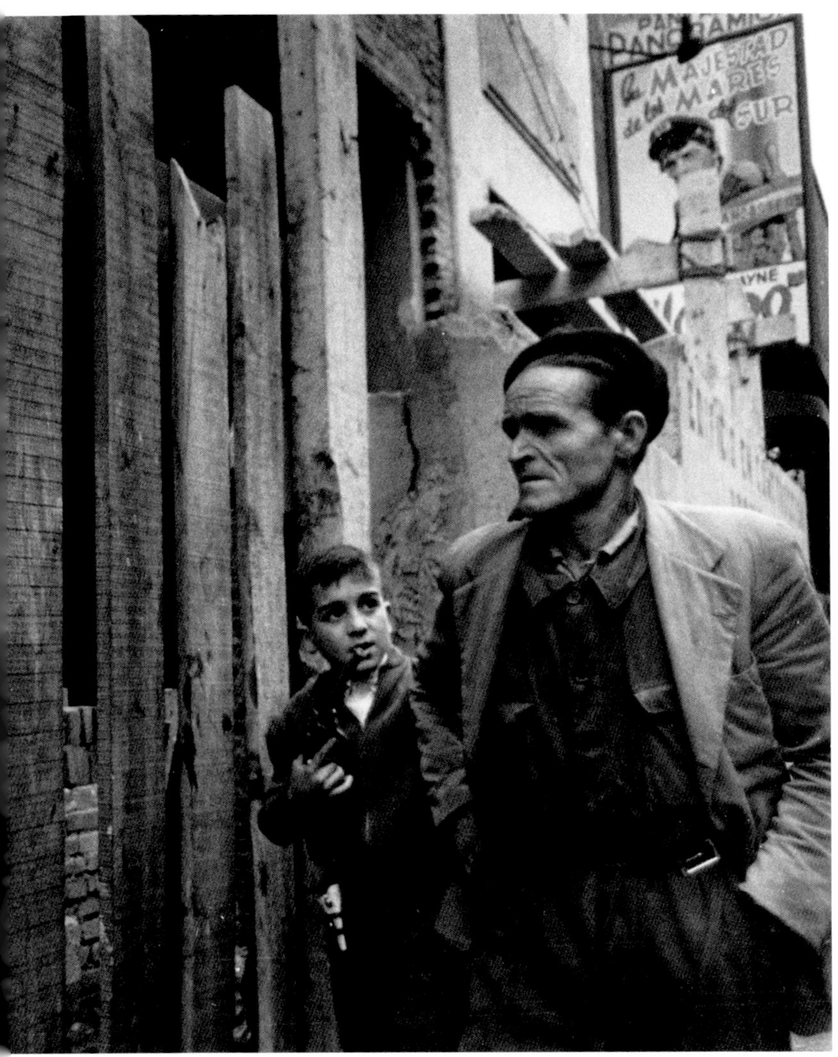

26. Cine Sotillo de la Adrada, *Ca*. 1960-1965

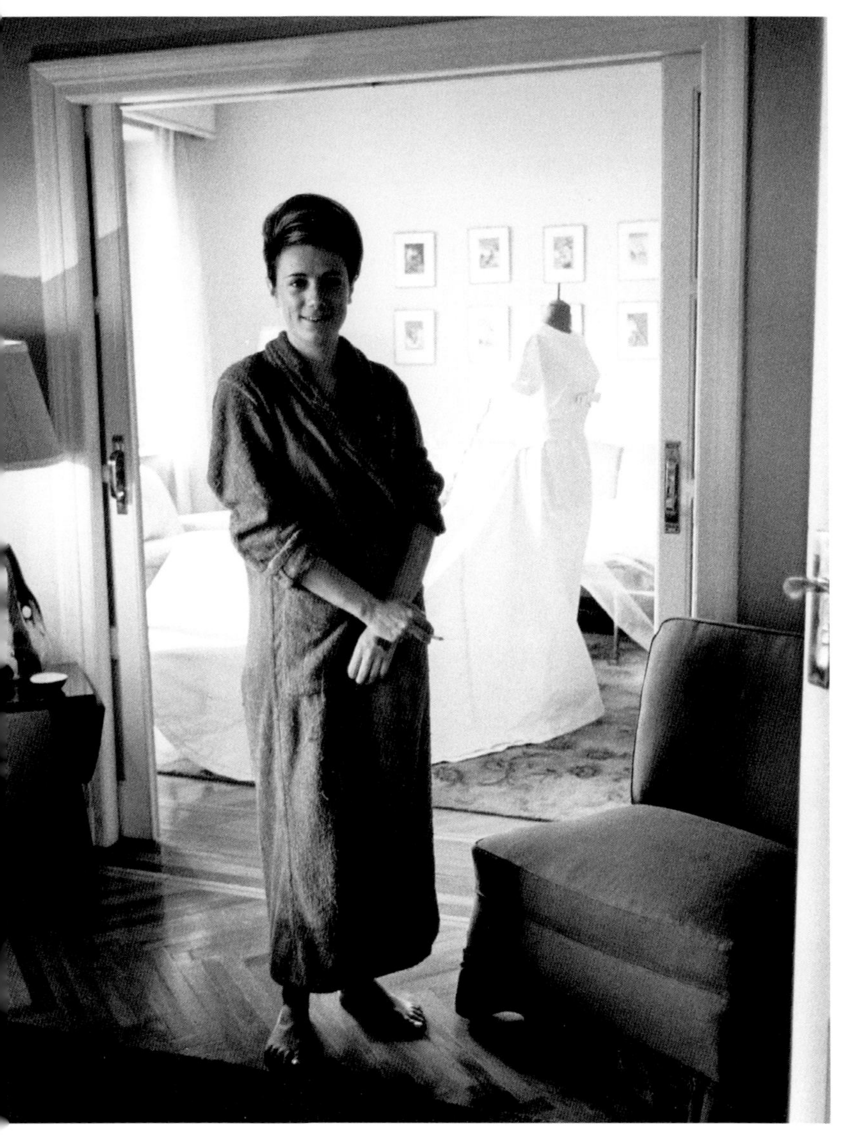

27. Novia I, 1964

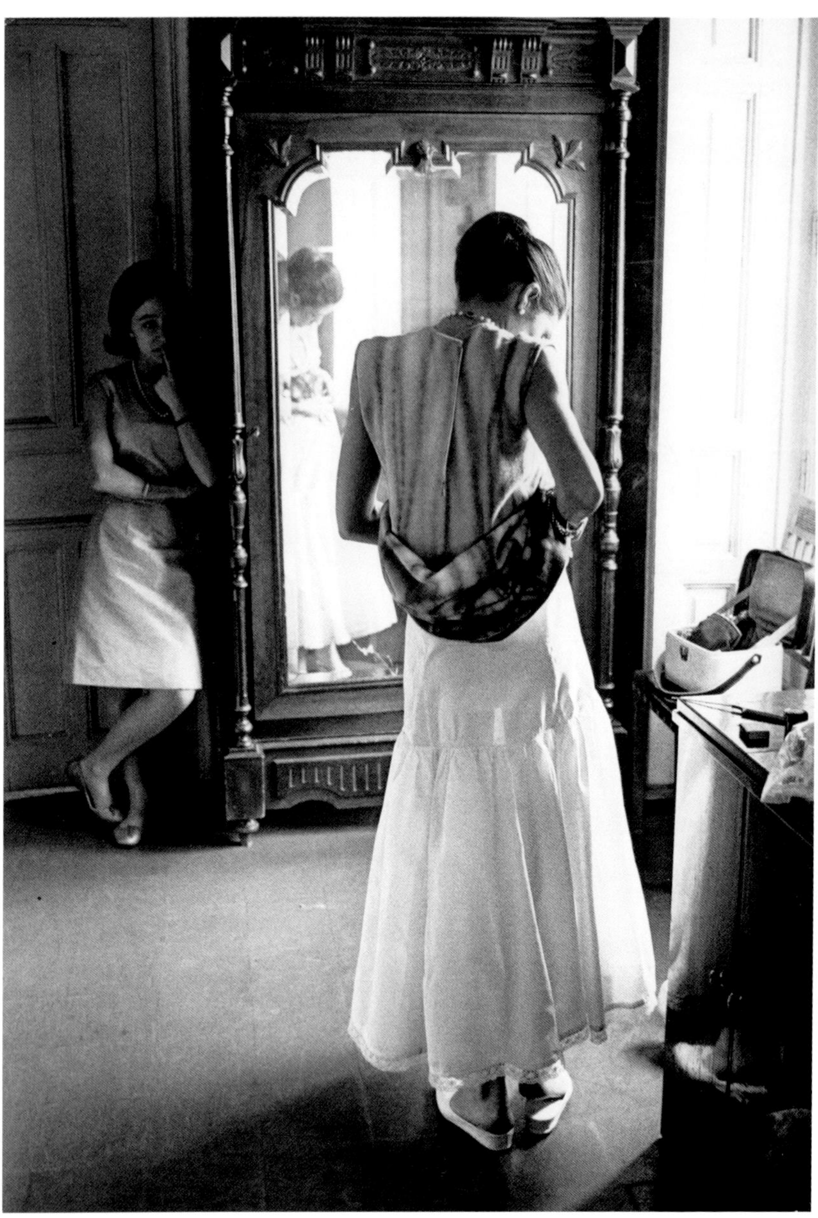

28. Se casa la hermana I, 1966

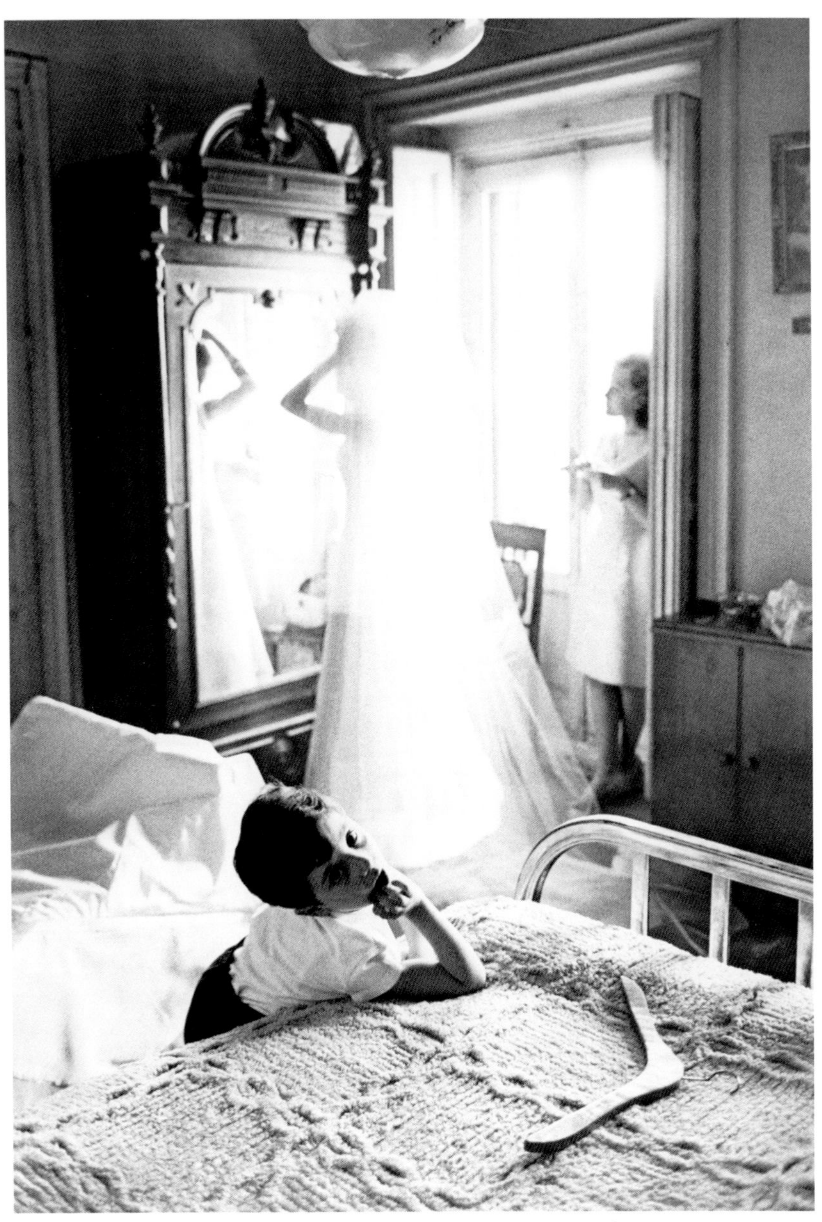

29. Se casa la hermana II, 1966

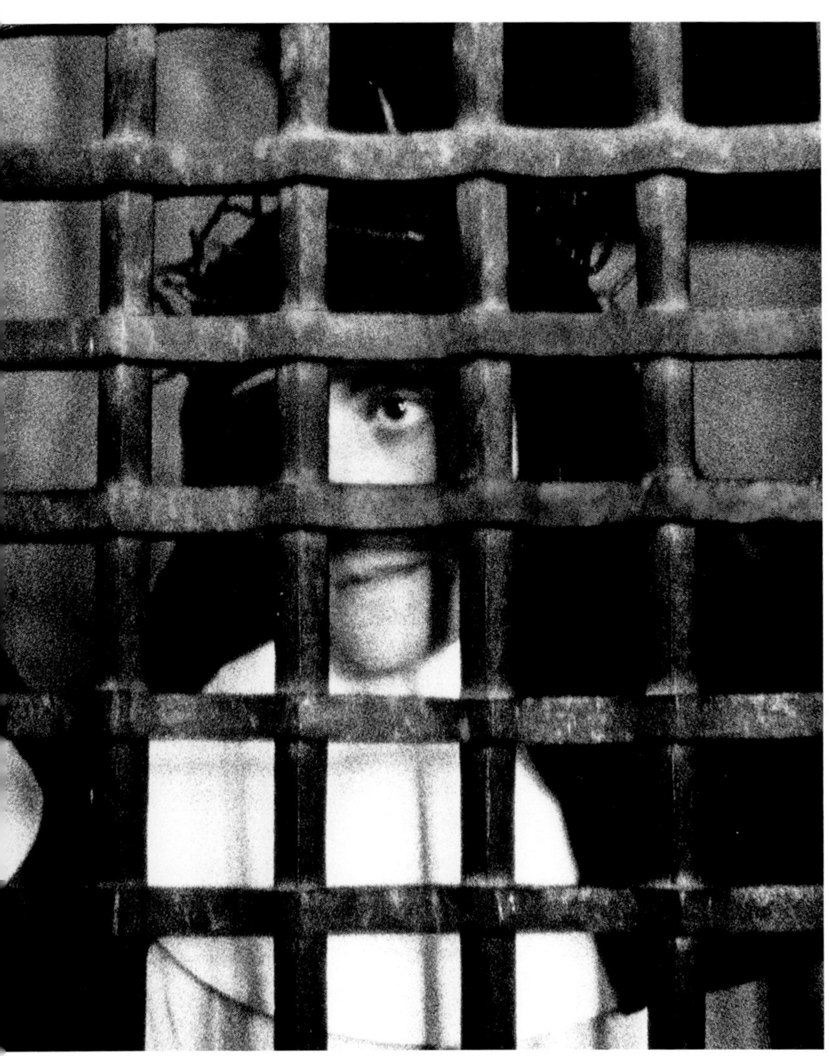

30. *Ecce virgo*

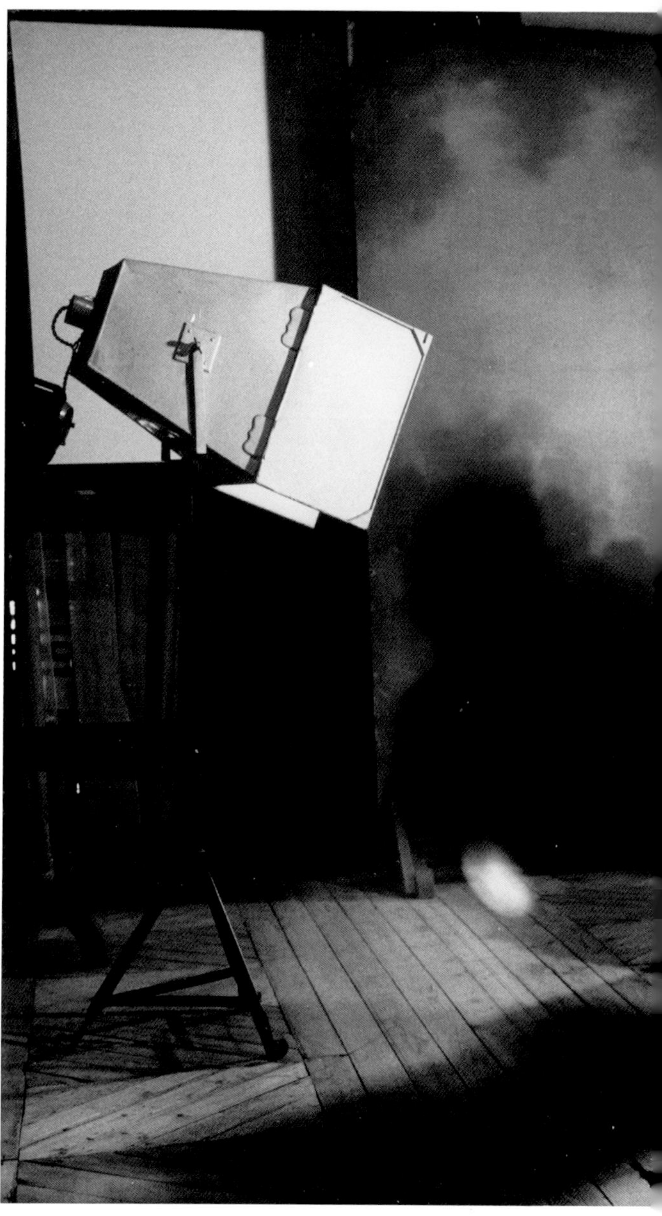

31. Sin título

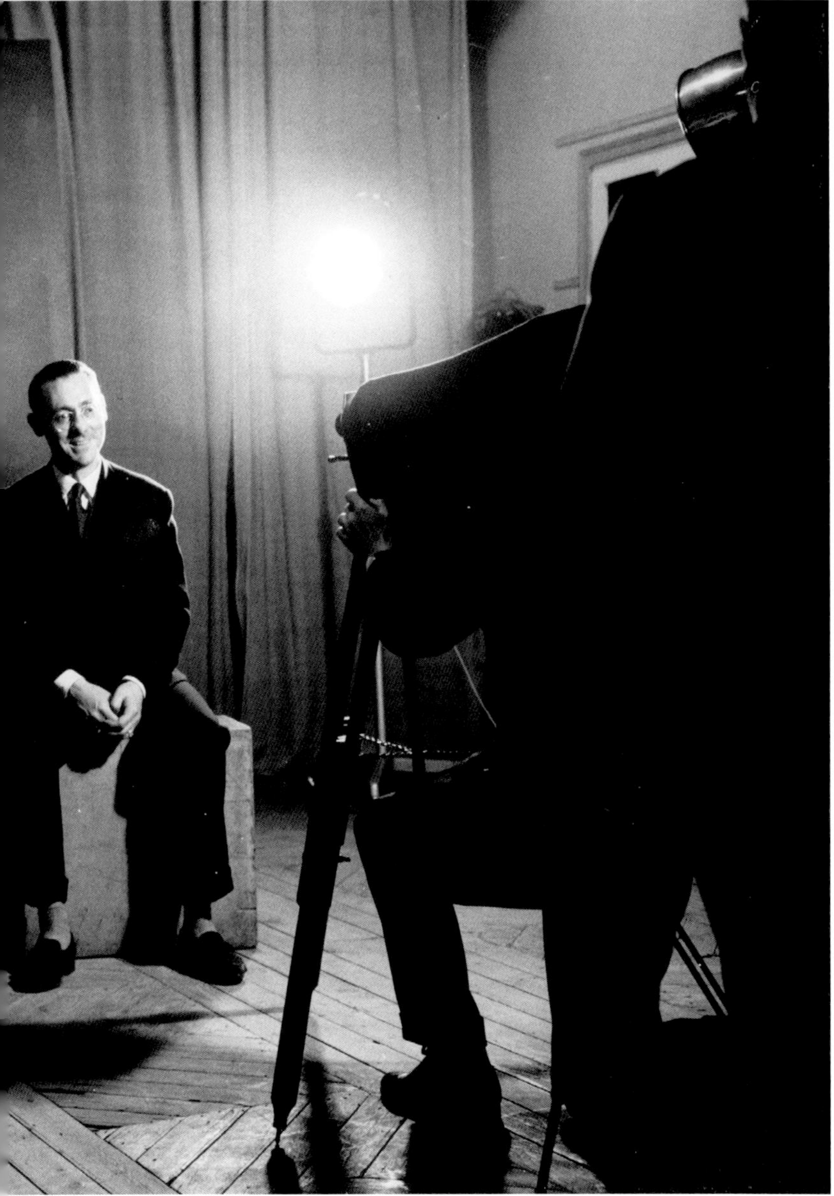

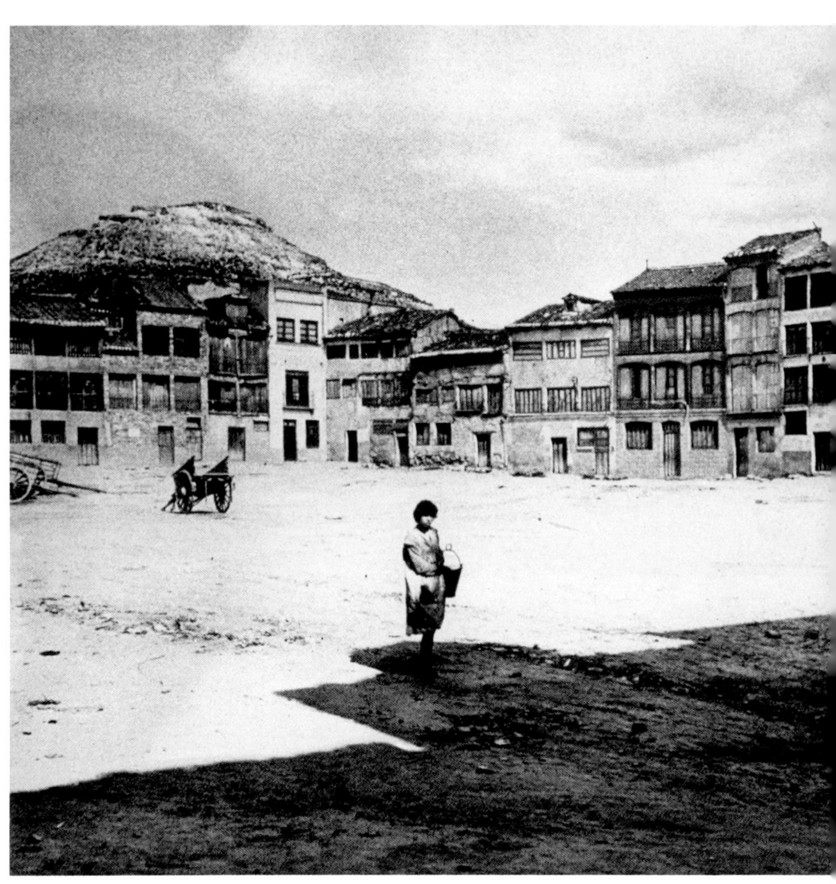

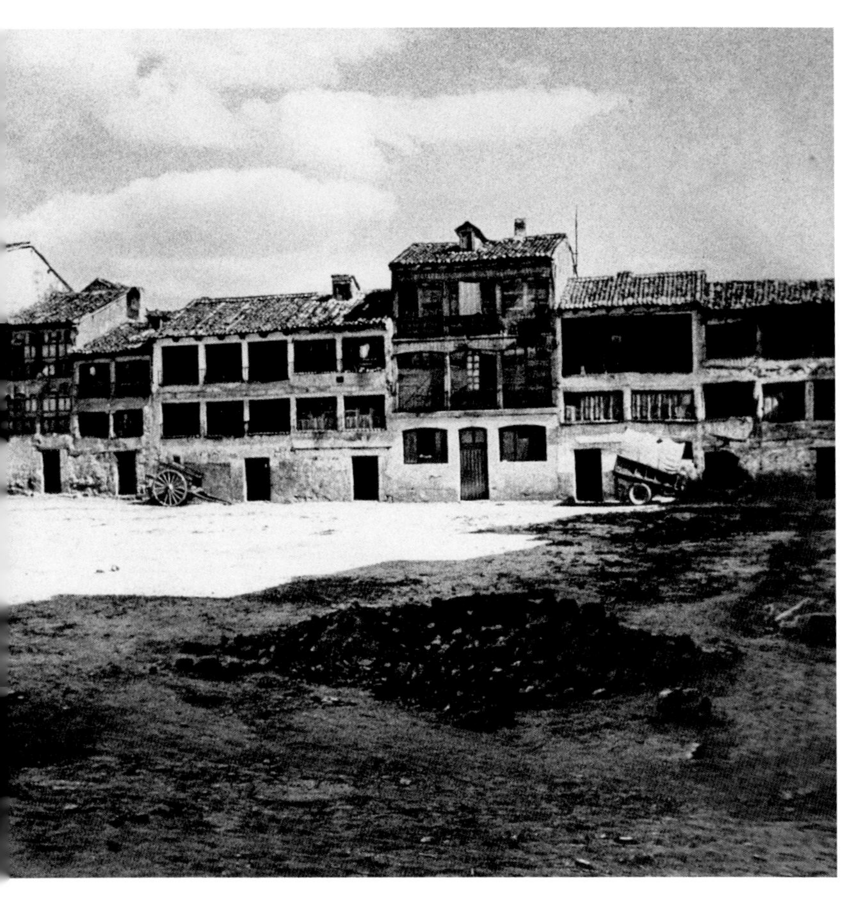

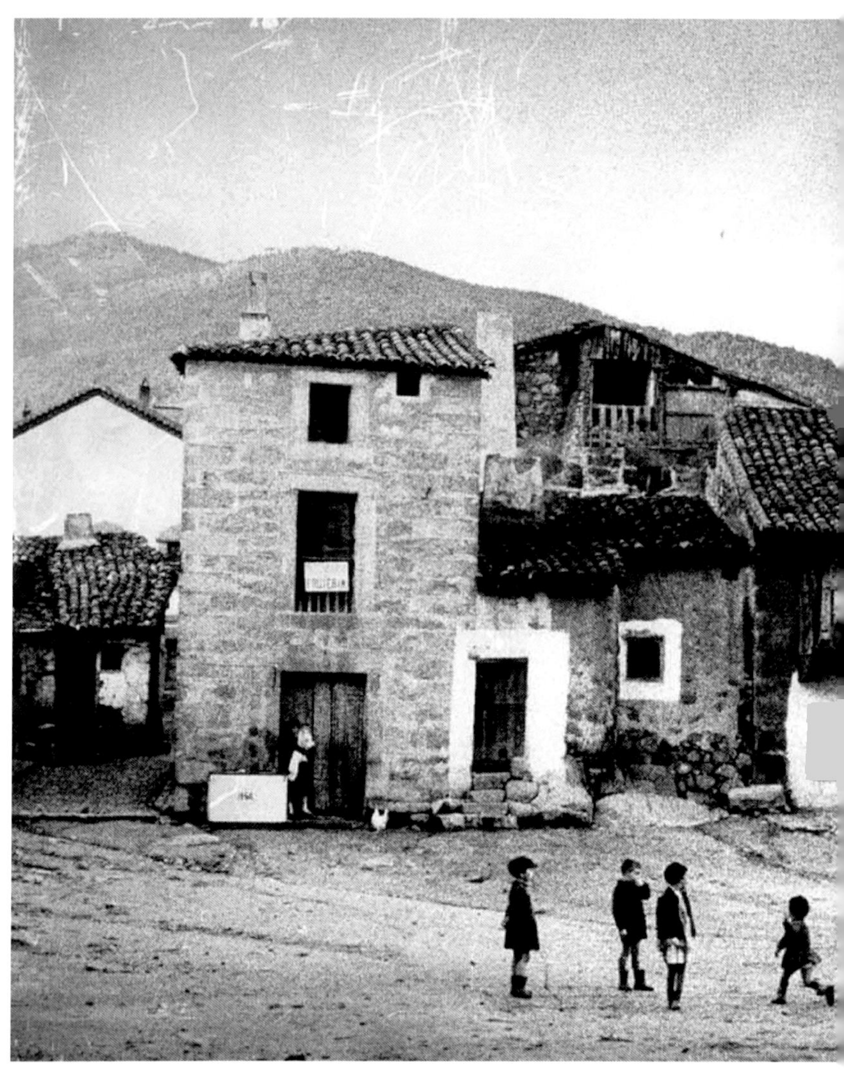

33. Plaza de la aldea, 1958-1959

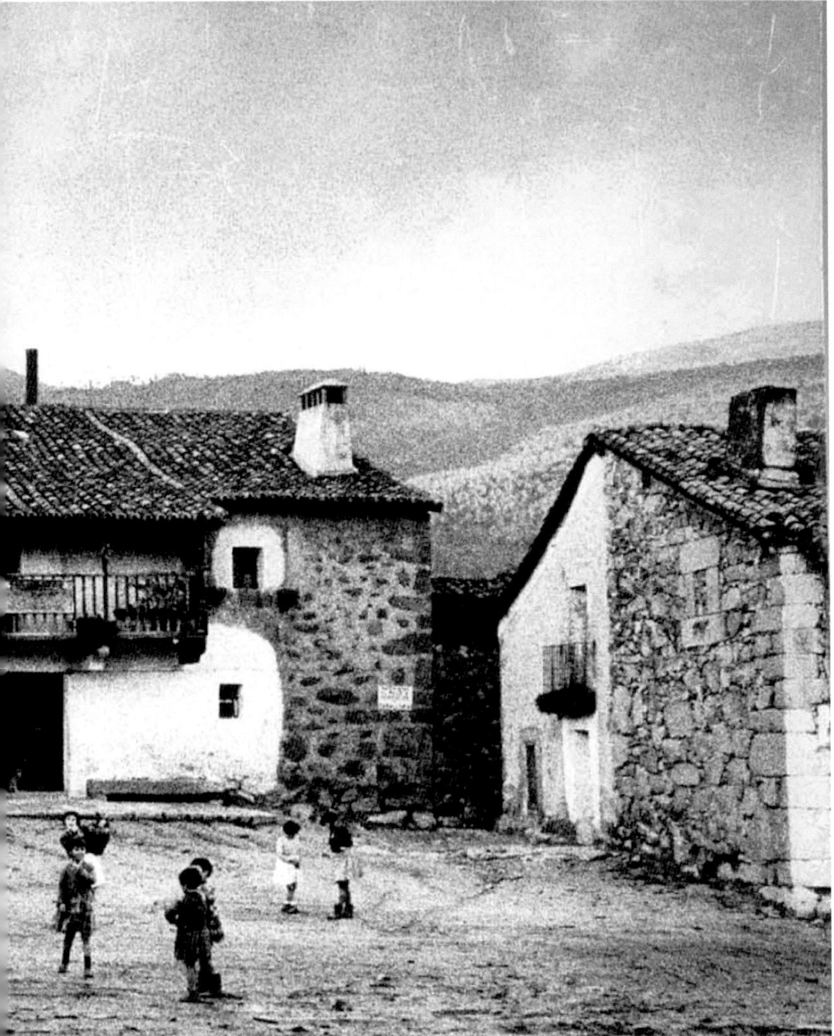

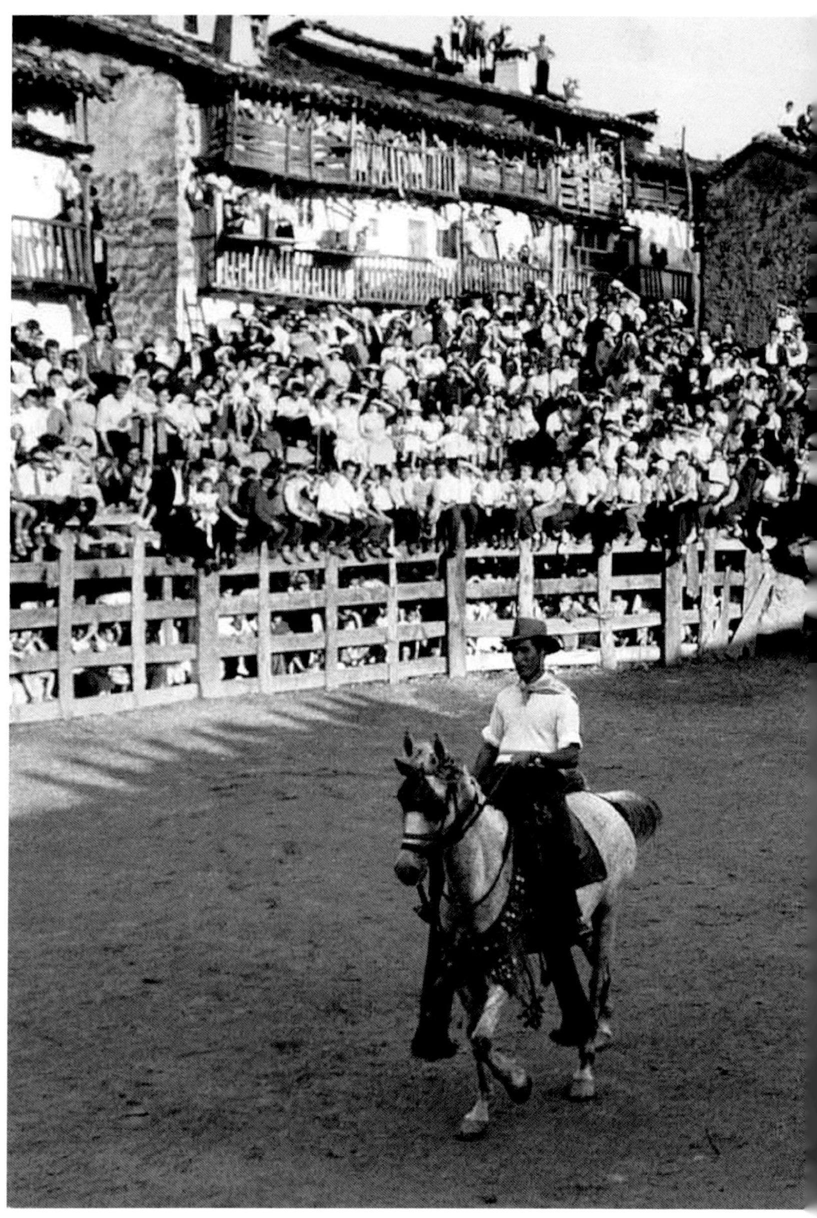

34. Toros en Pedro Bernardo. Ávila

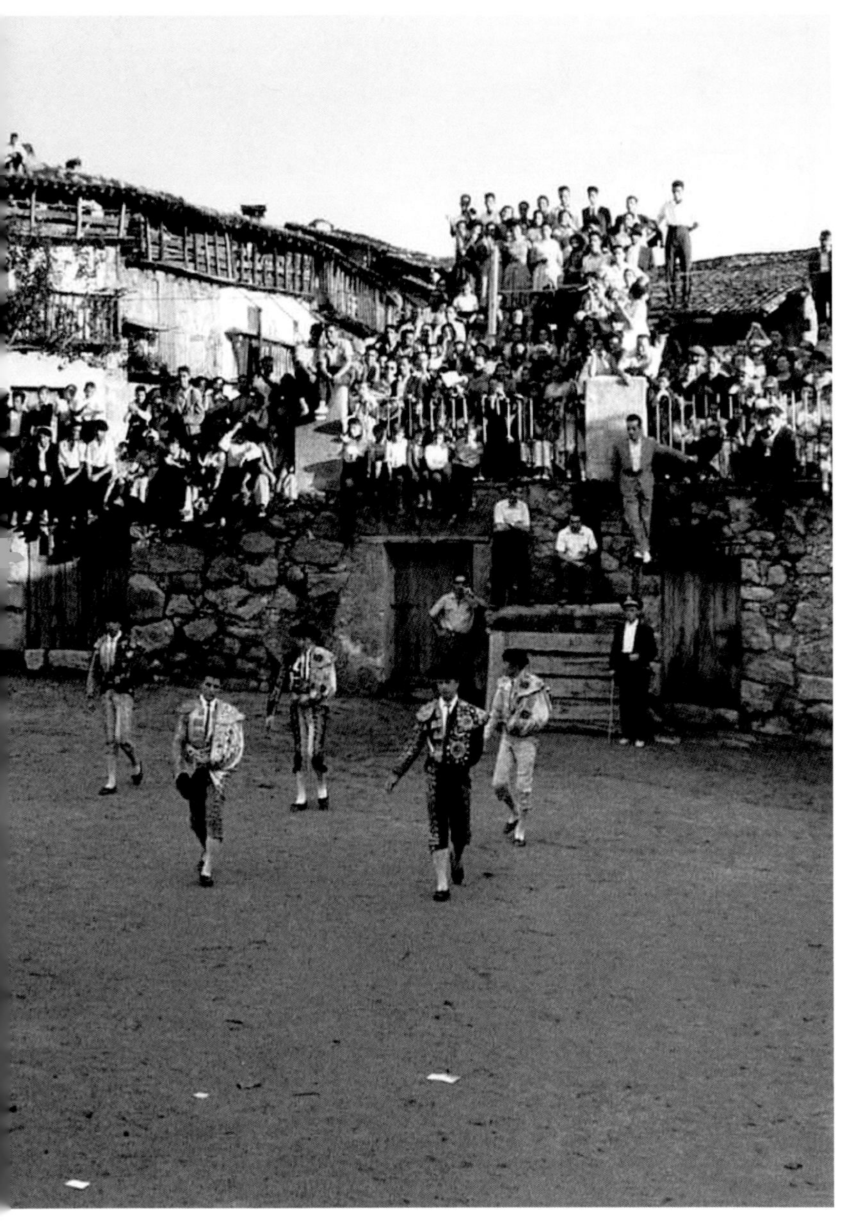

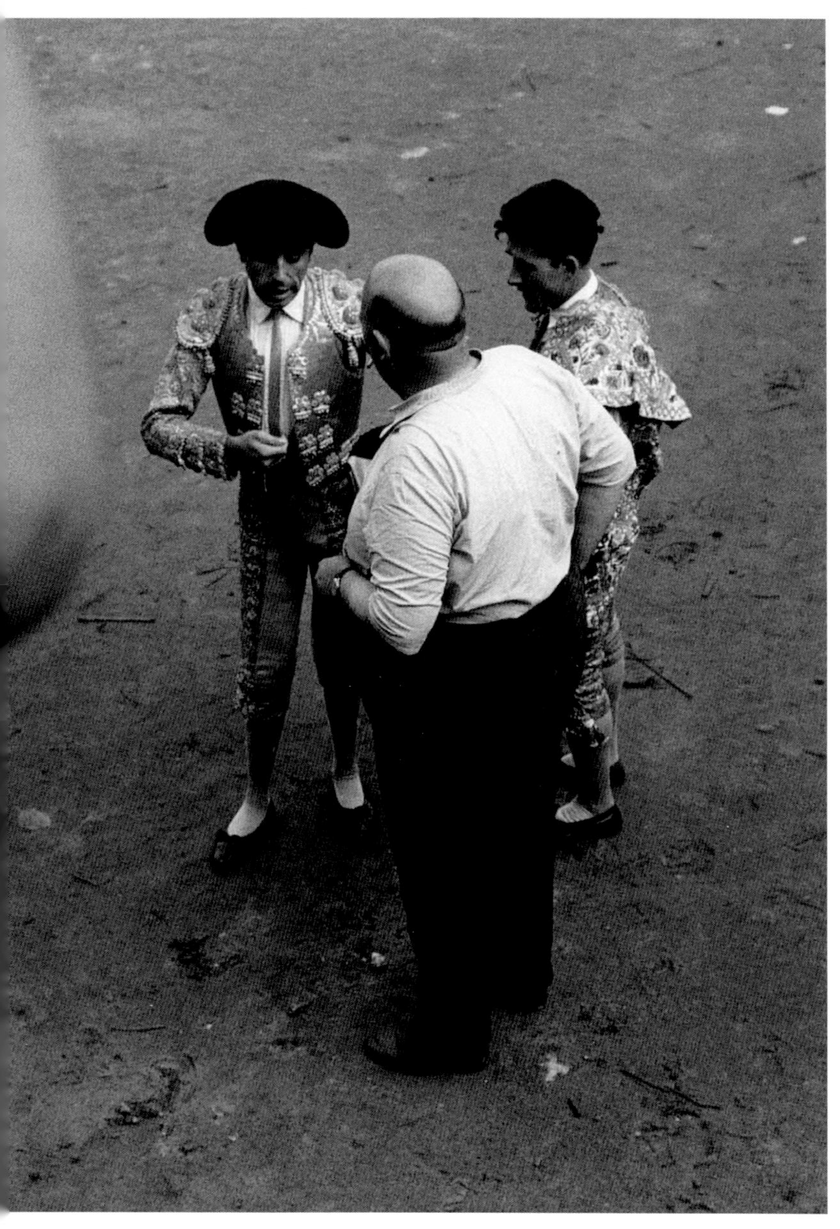

35. Sin título, *Ca.* 1967

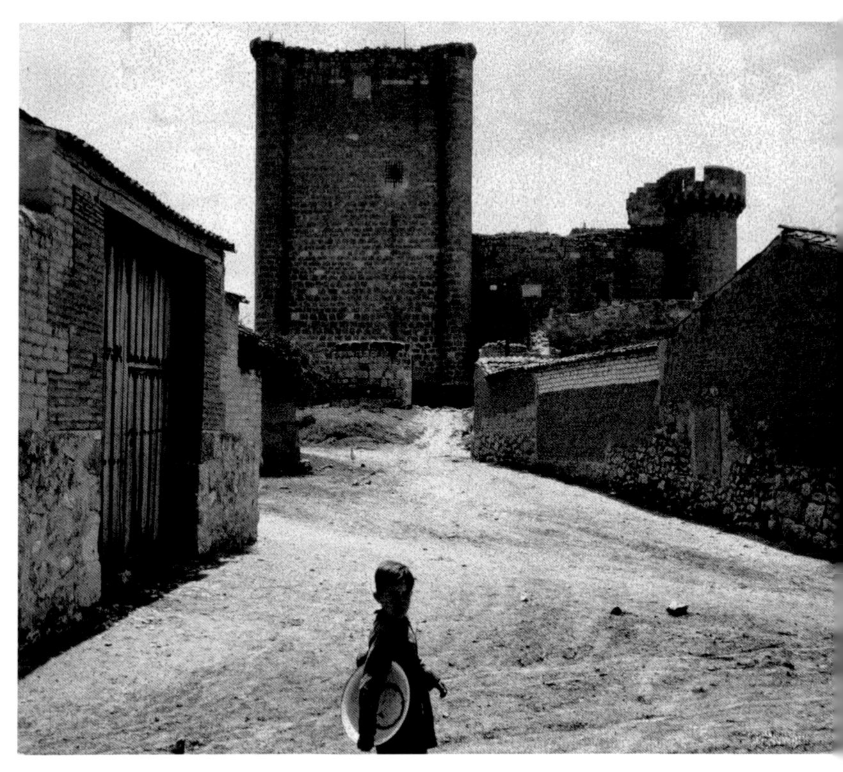

36. Niño, *Ca.* 1964

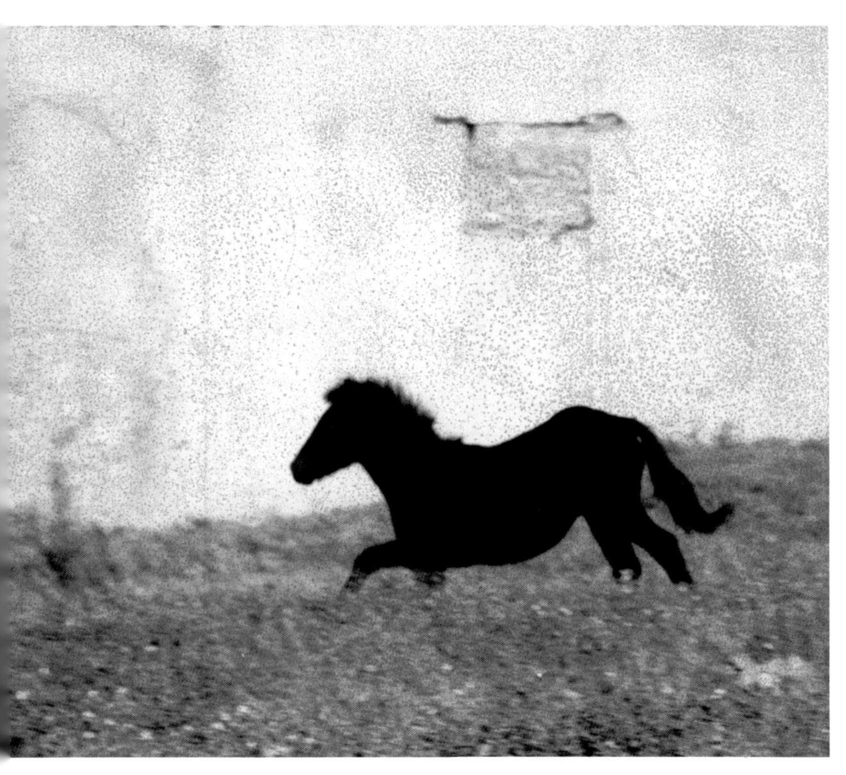

37. Potranco negro, 1960

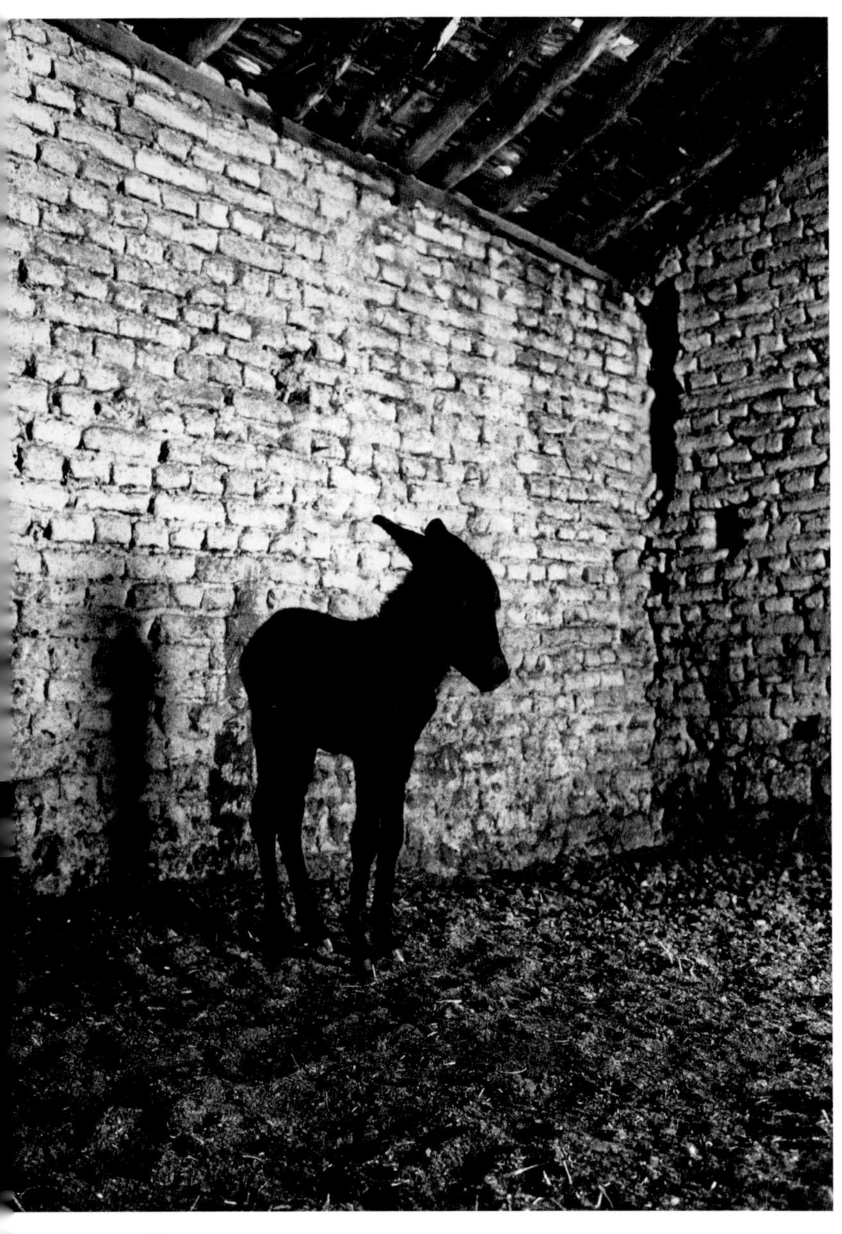

38. El asnillo negro, 1970

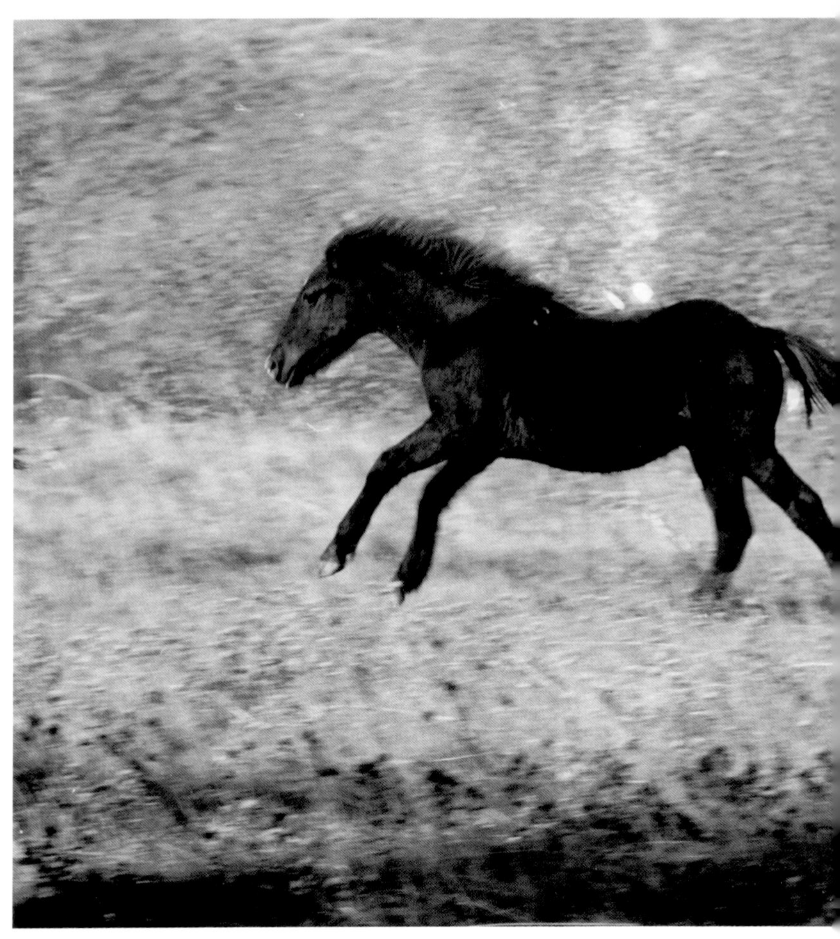

39. Sin título

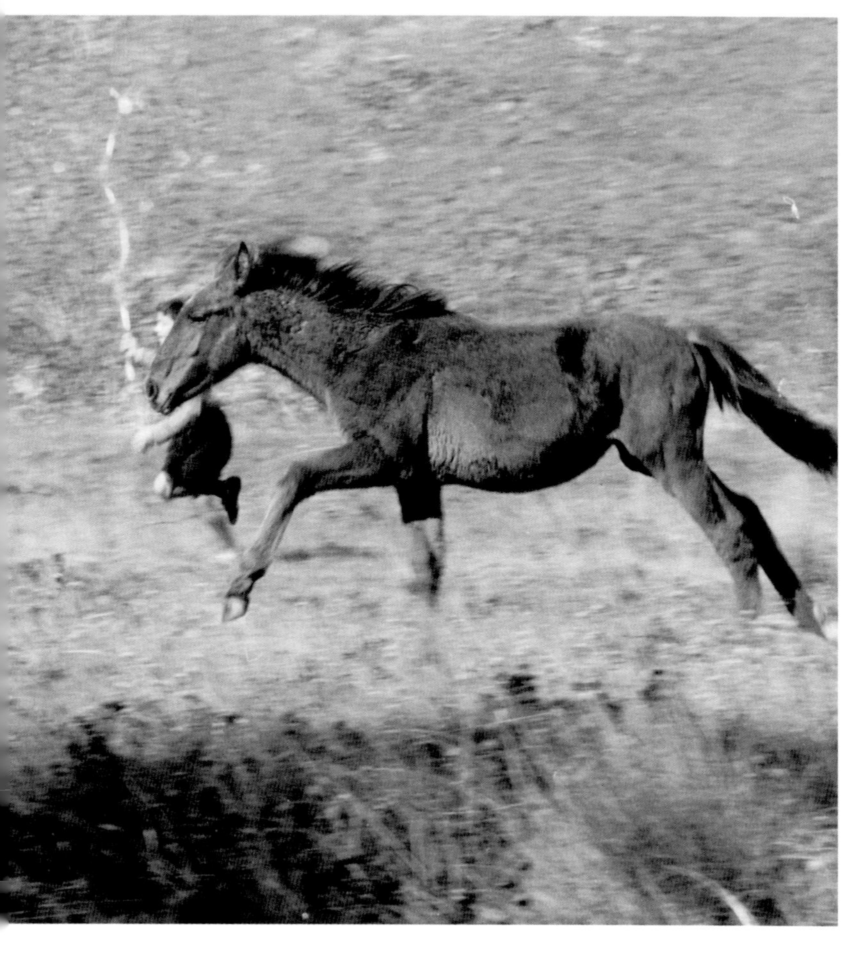

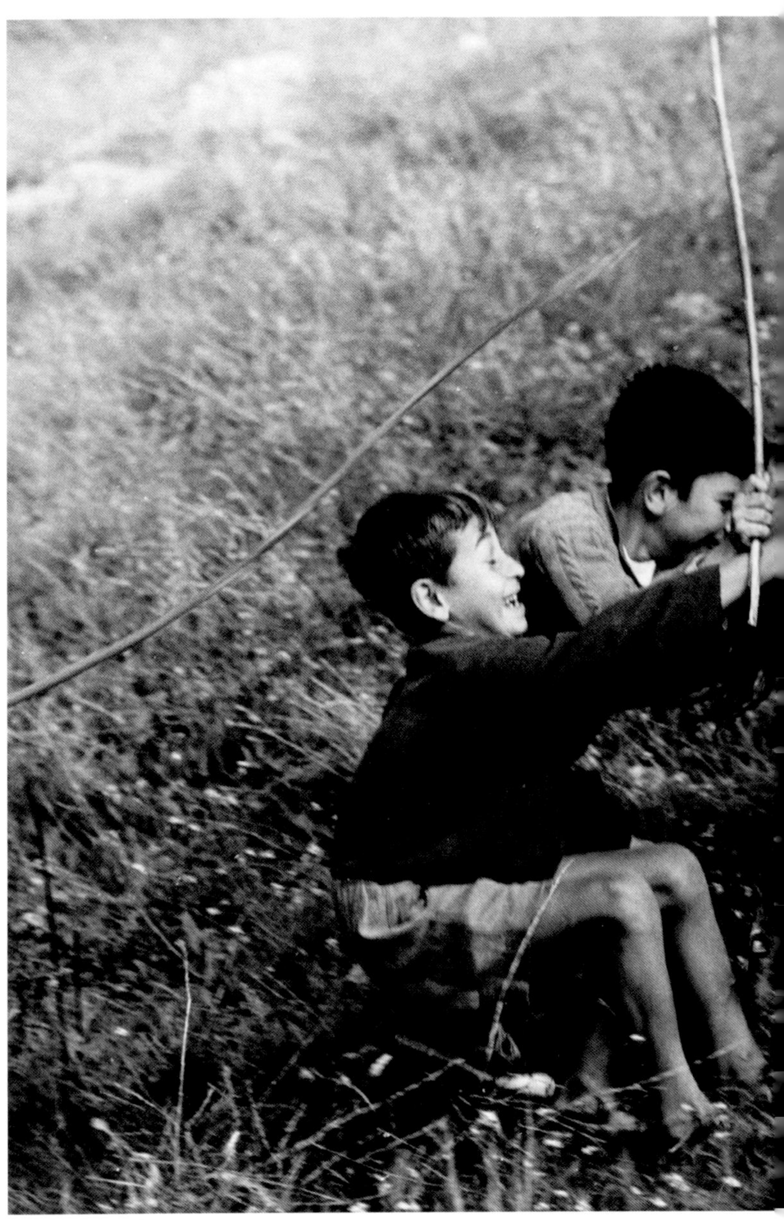

40. Los niños y la borrica, 1957-1958

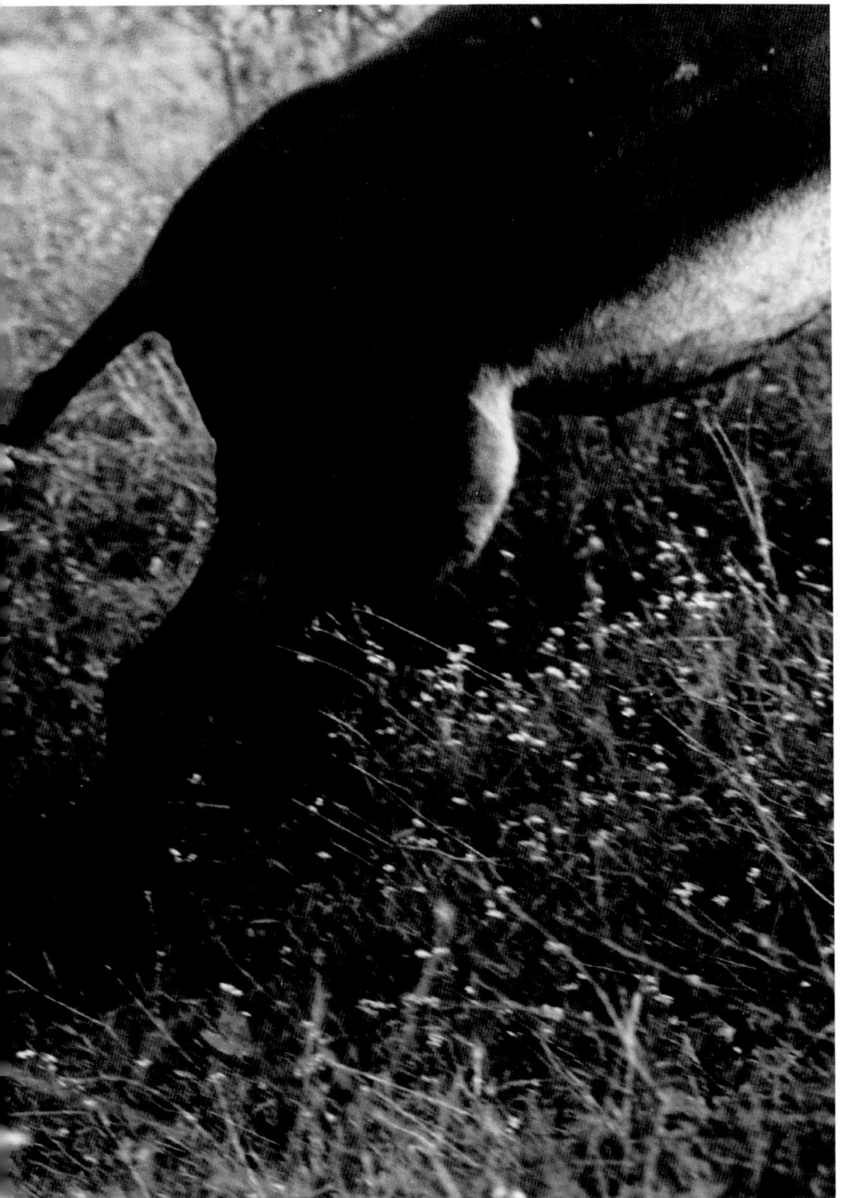

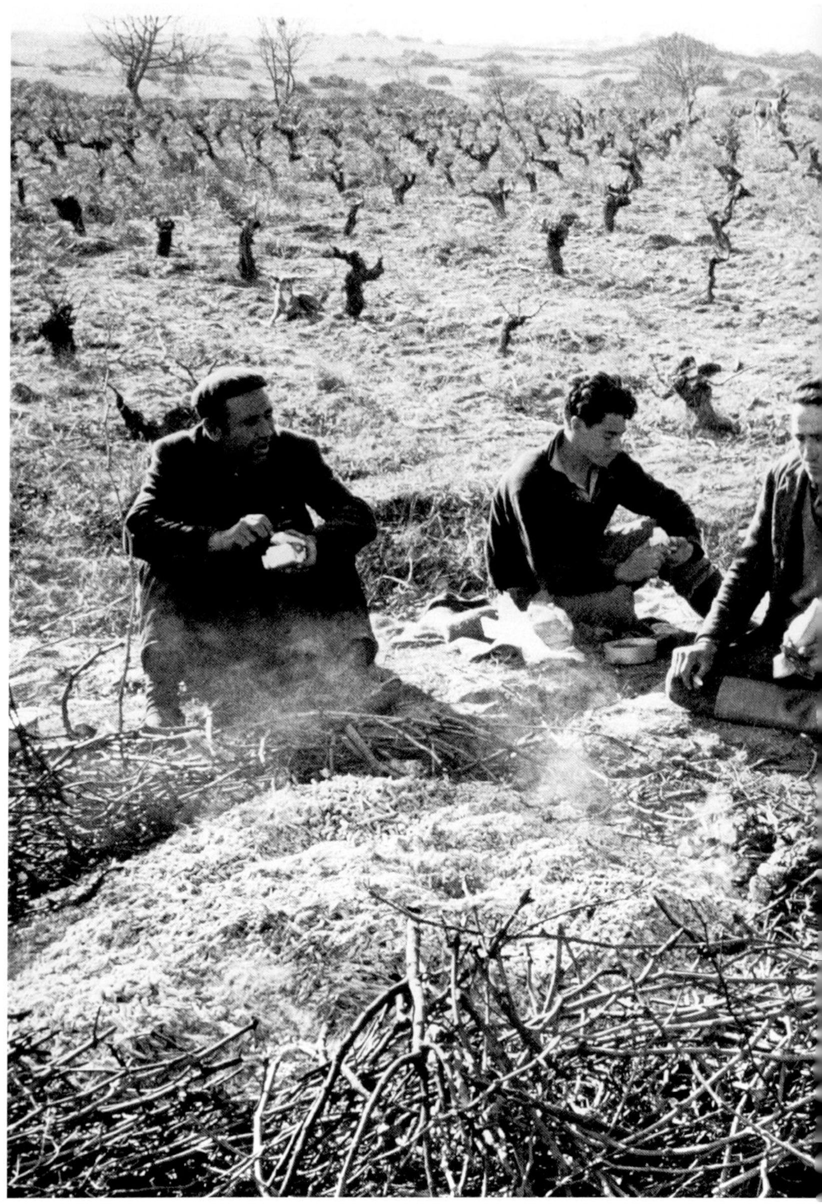

41. Sin título

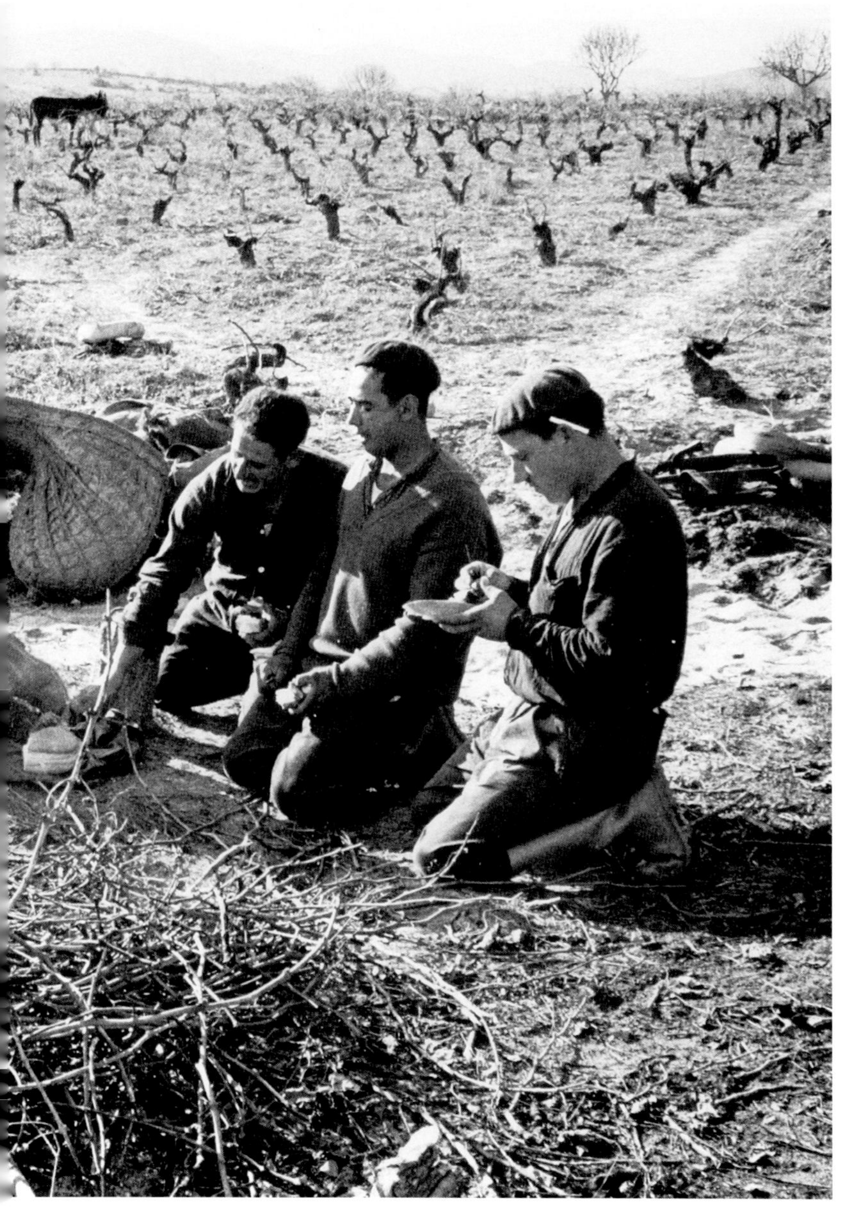

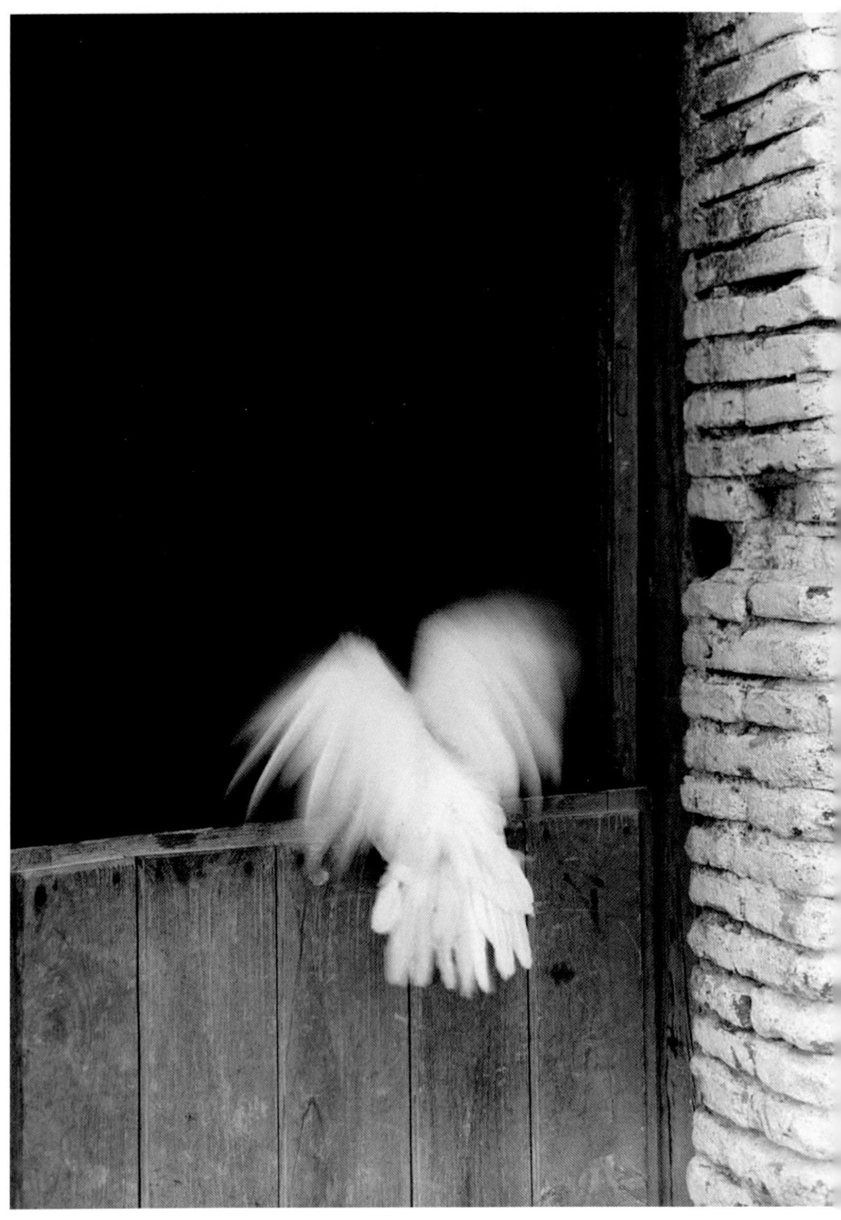

42. Sin título, *Ca.* 1965-1970

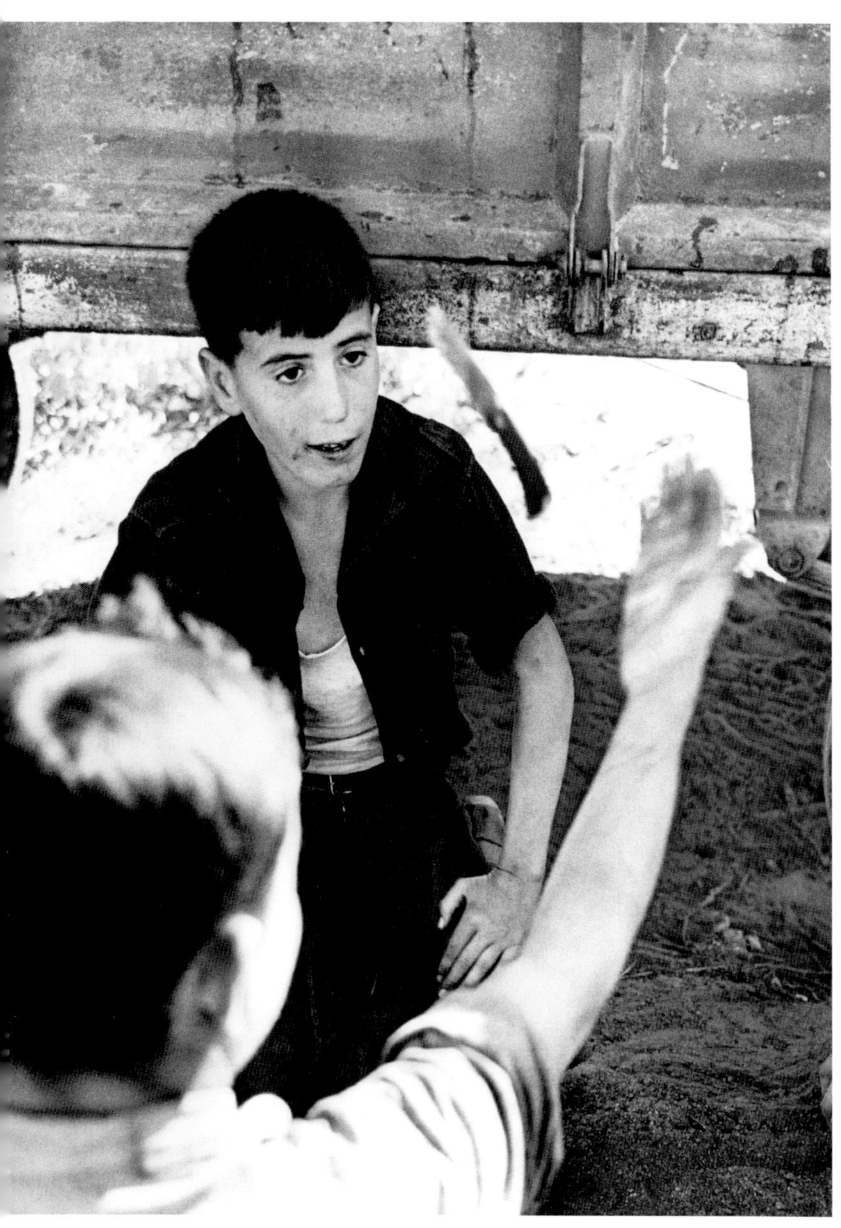

43. Campeón I

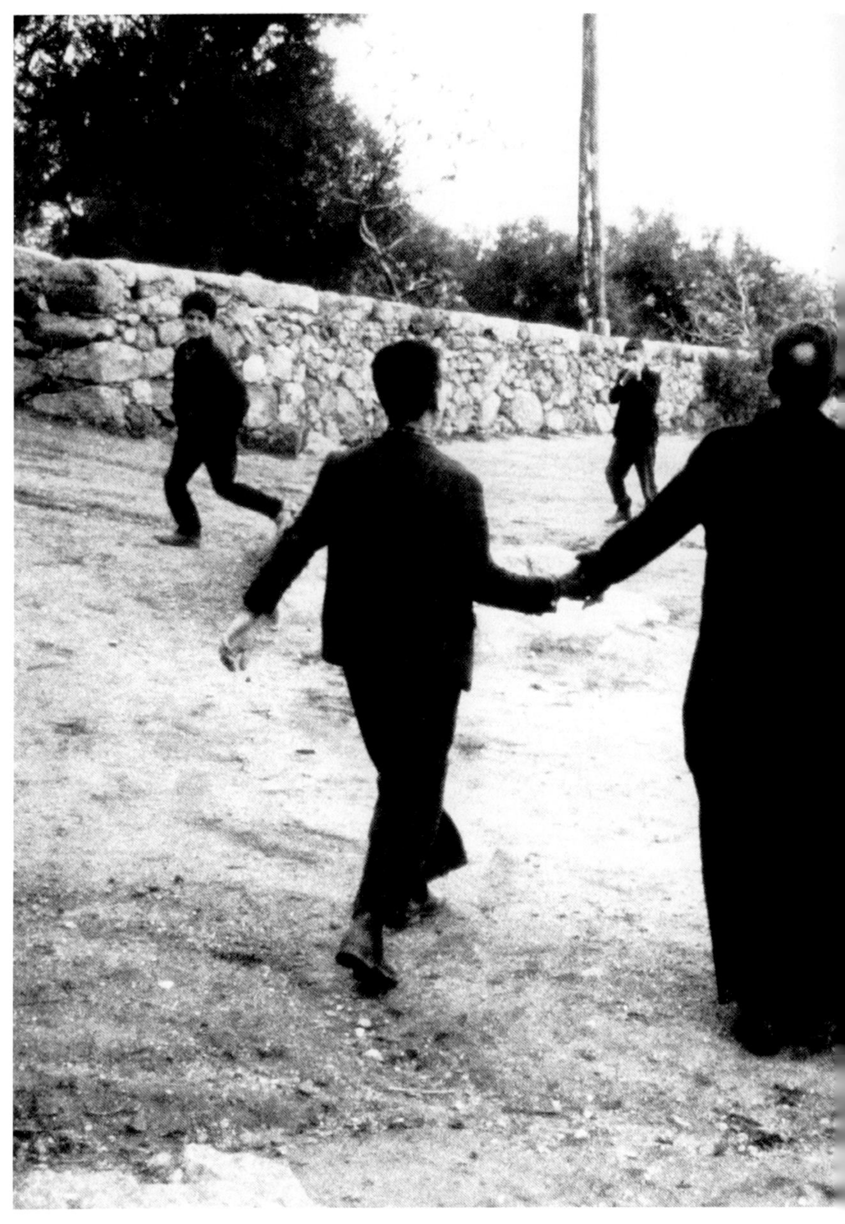

44. El párroco con tonsura e incómoda sotana juega con niños de la escuela parroquial. Rozas de Puerto Real, 1962

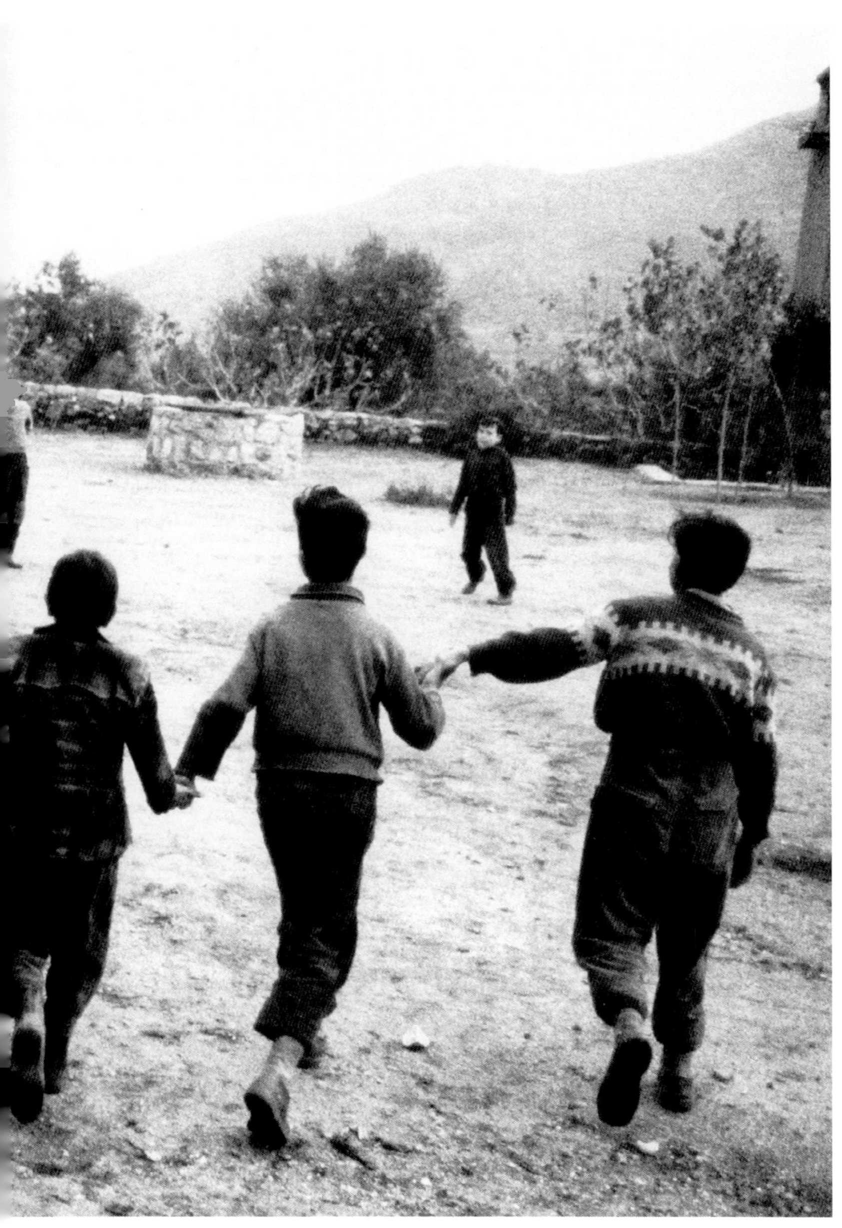

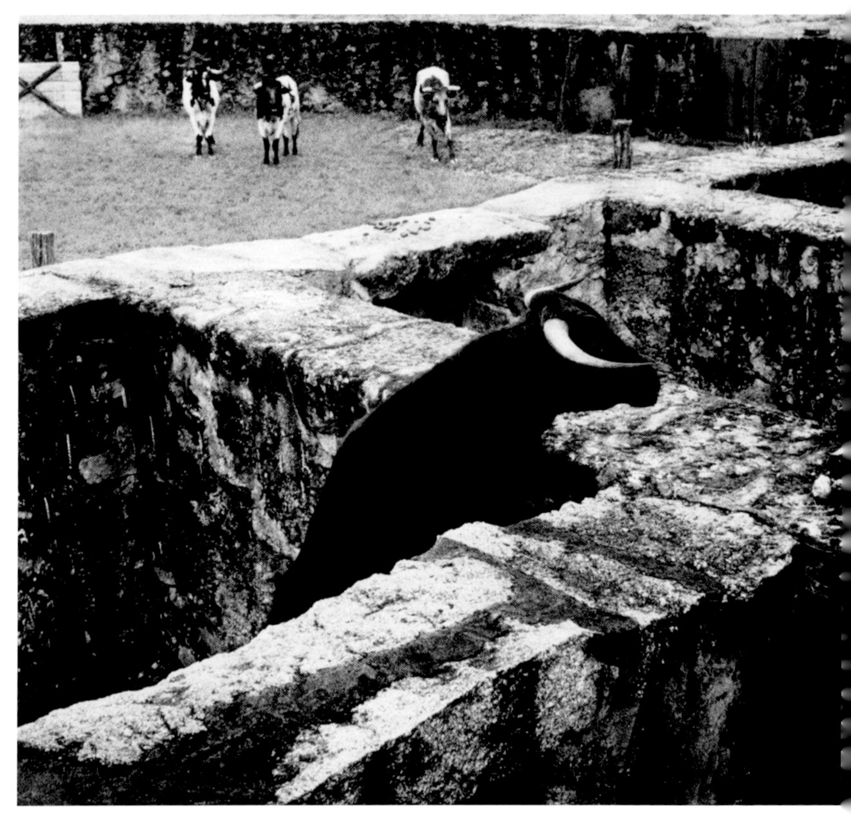

45. Encierro III, 1966

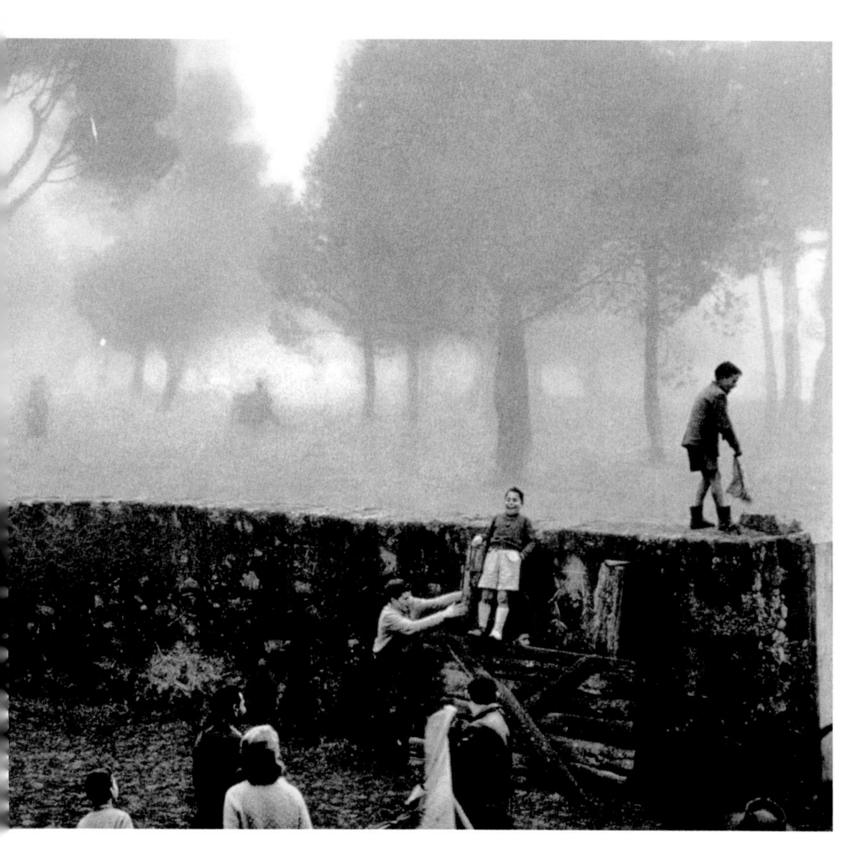

46. Herradero, 1959

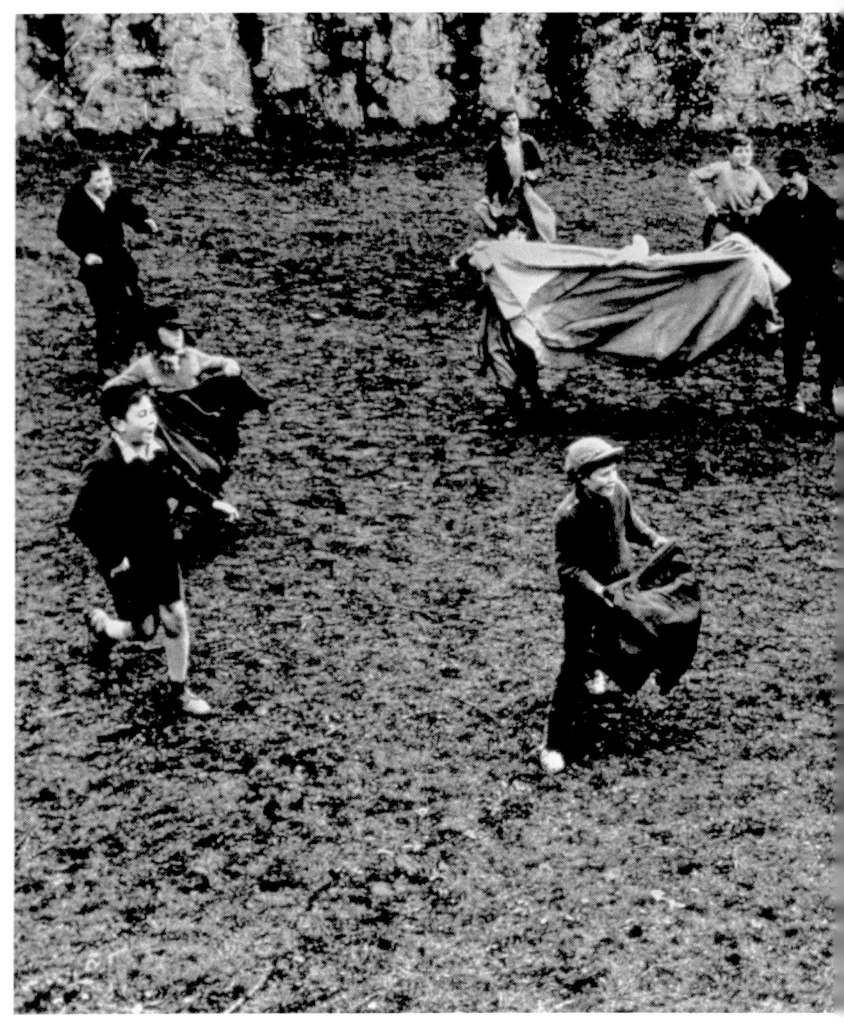

47. Sin título, *Ca.* 1955

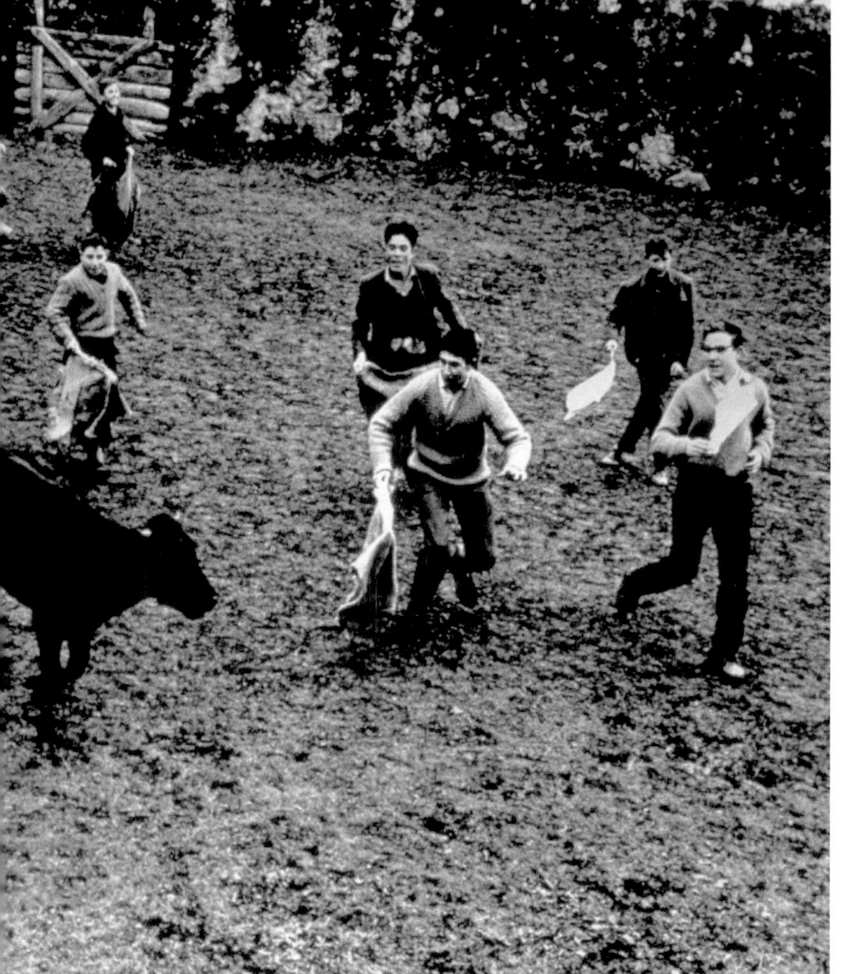

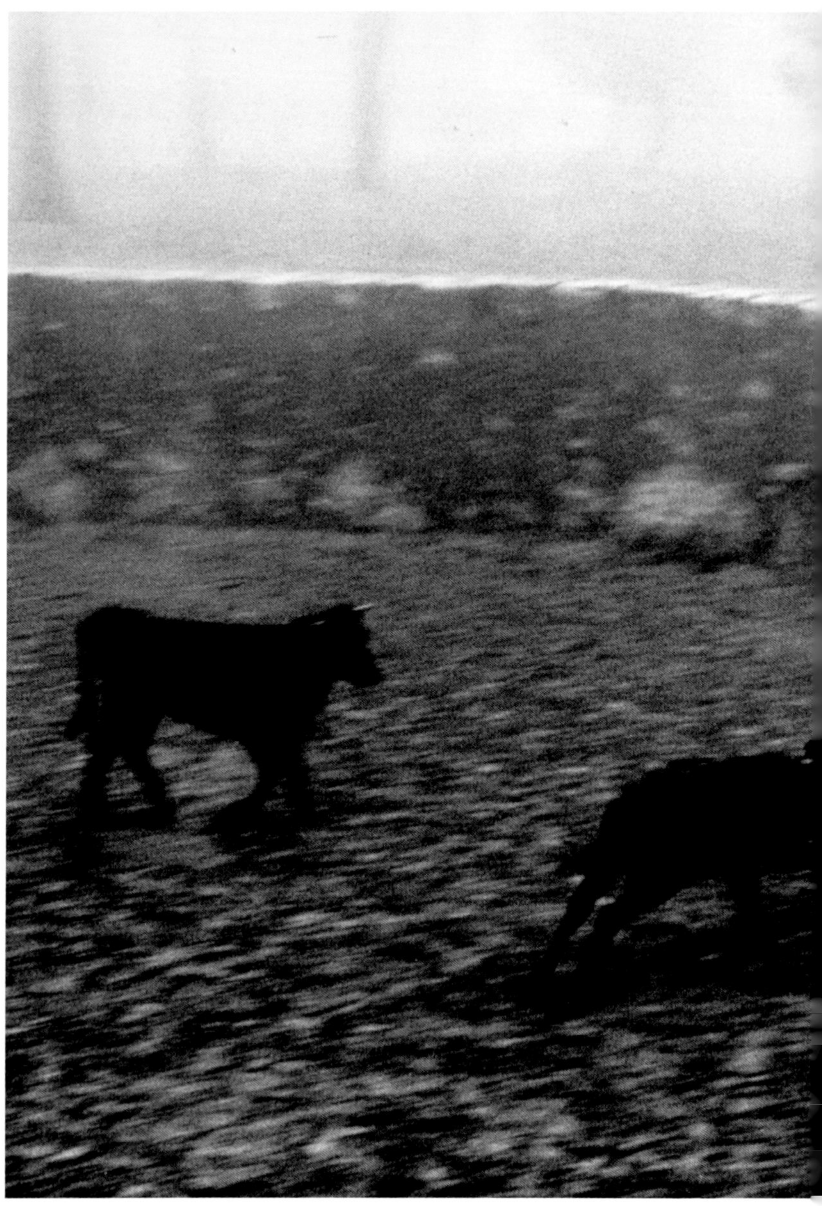

48. Sin título

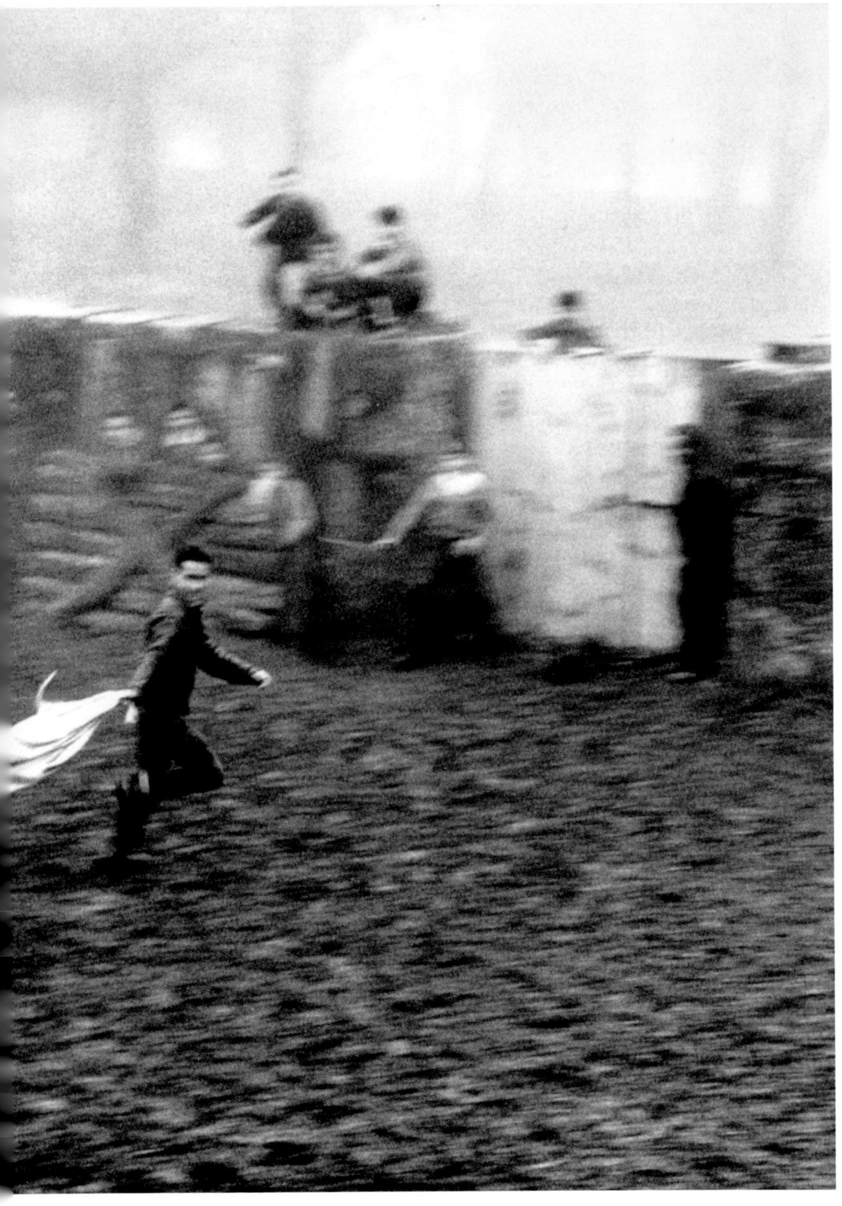

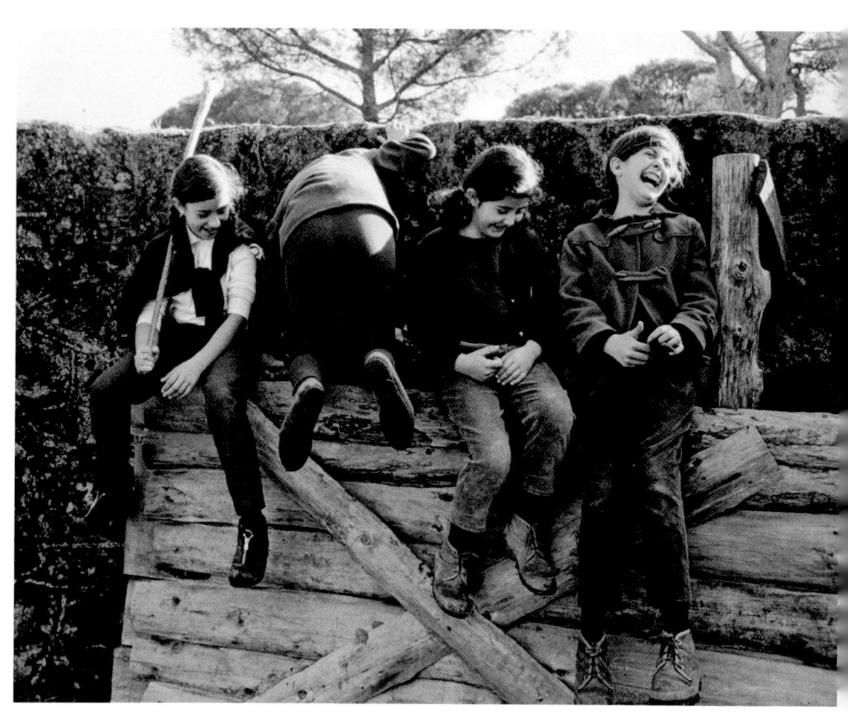

49. Sin título, *Ca.* 1963

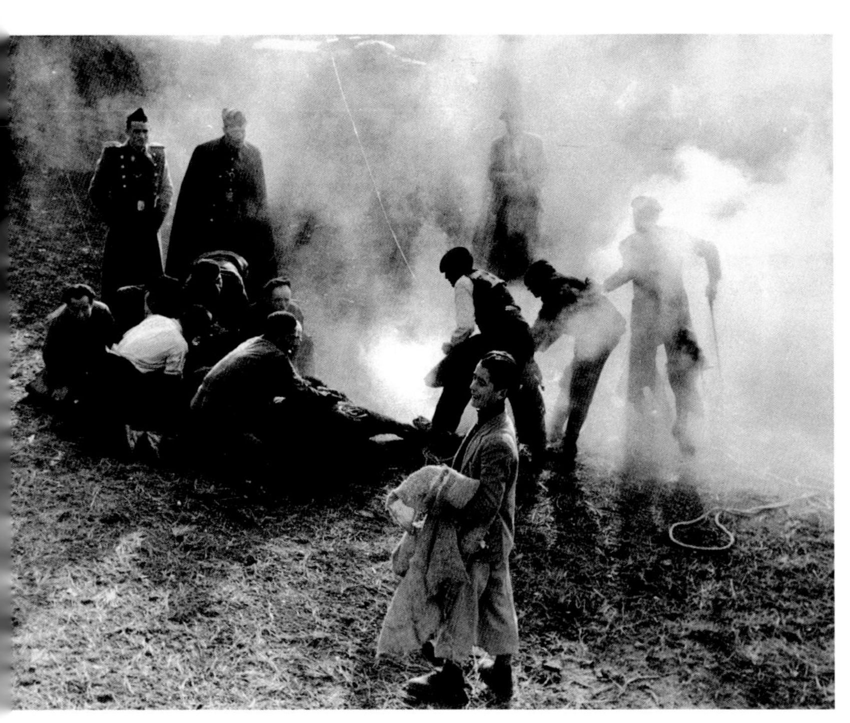

50. Sin título, *Ca.* 1952

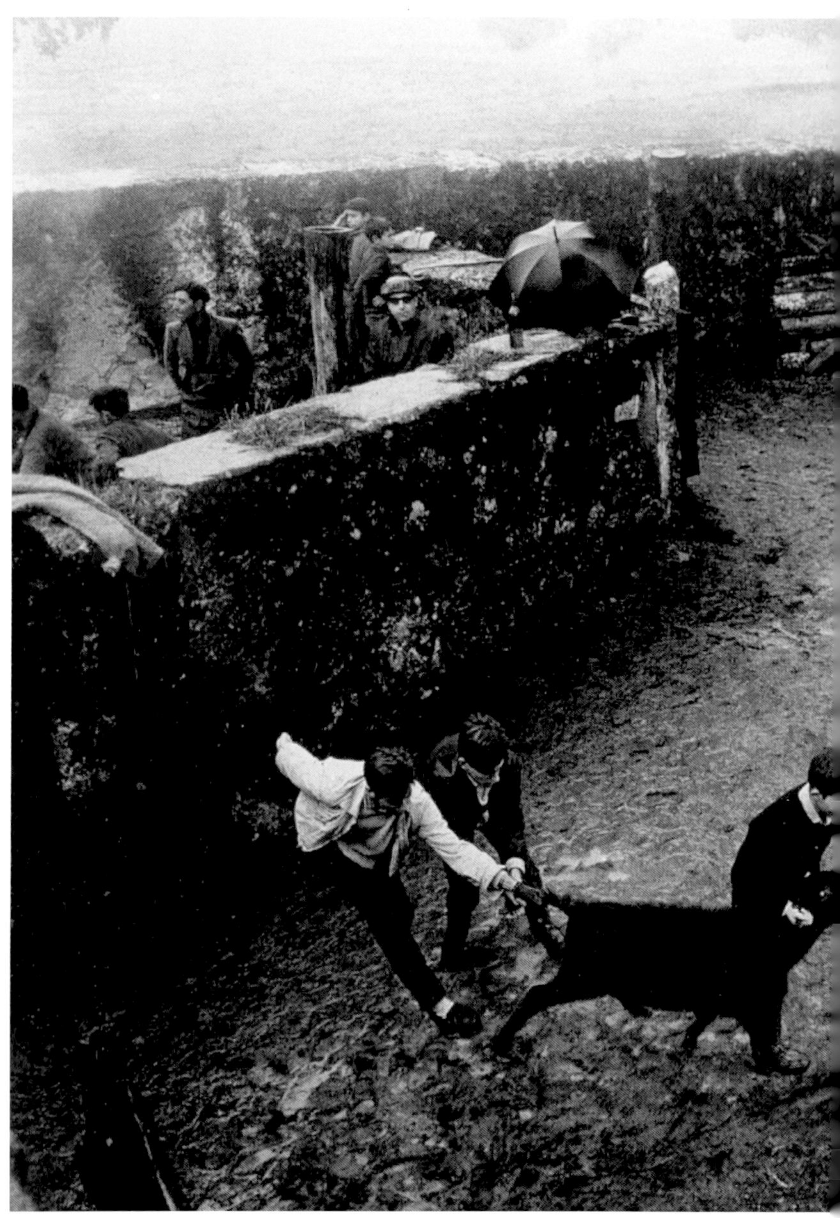

51. Herraje, *Ca.* 1963

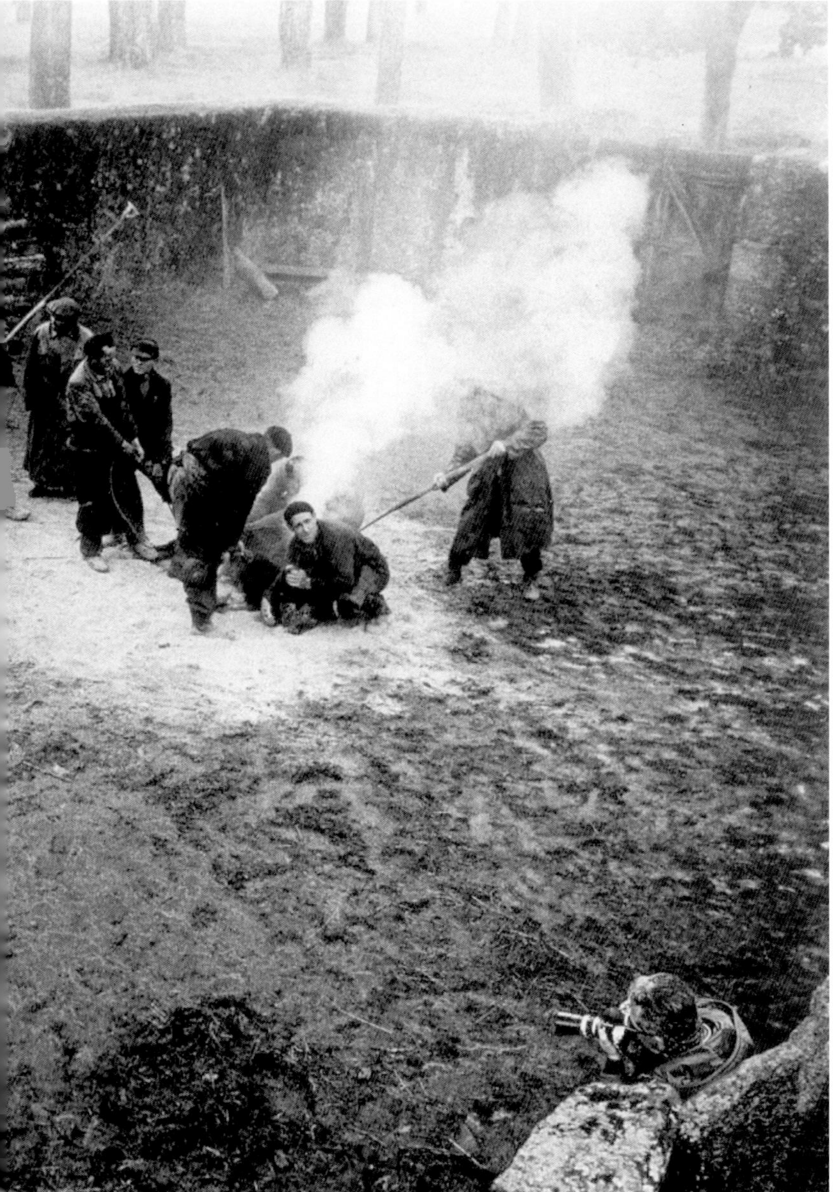

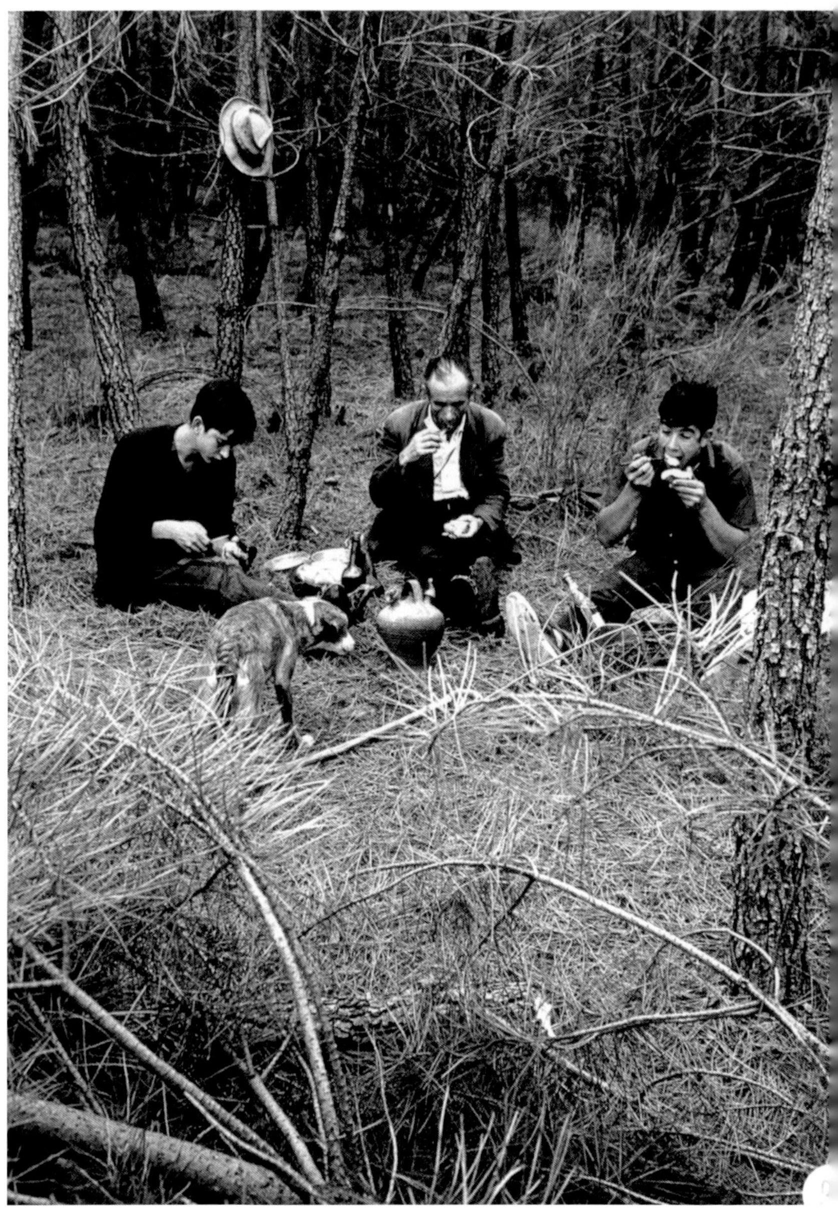

52. Sin título

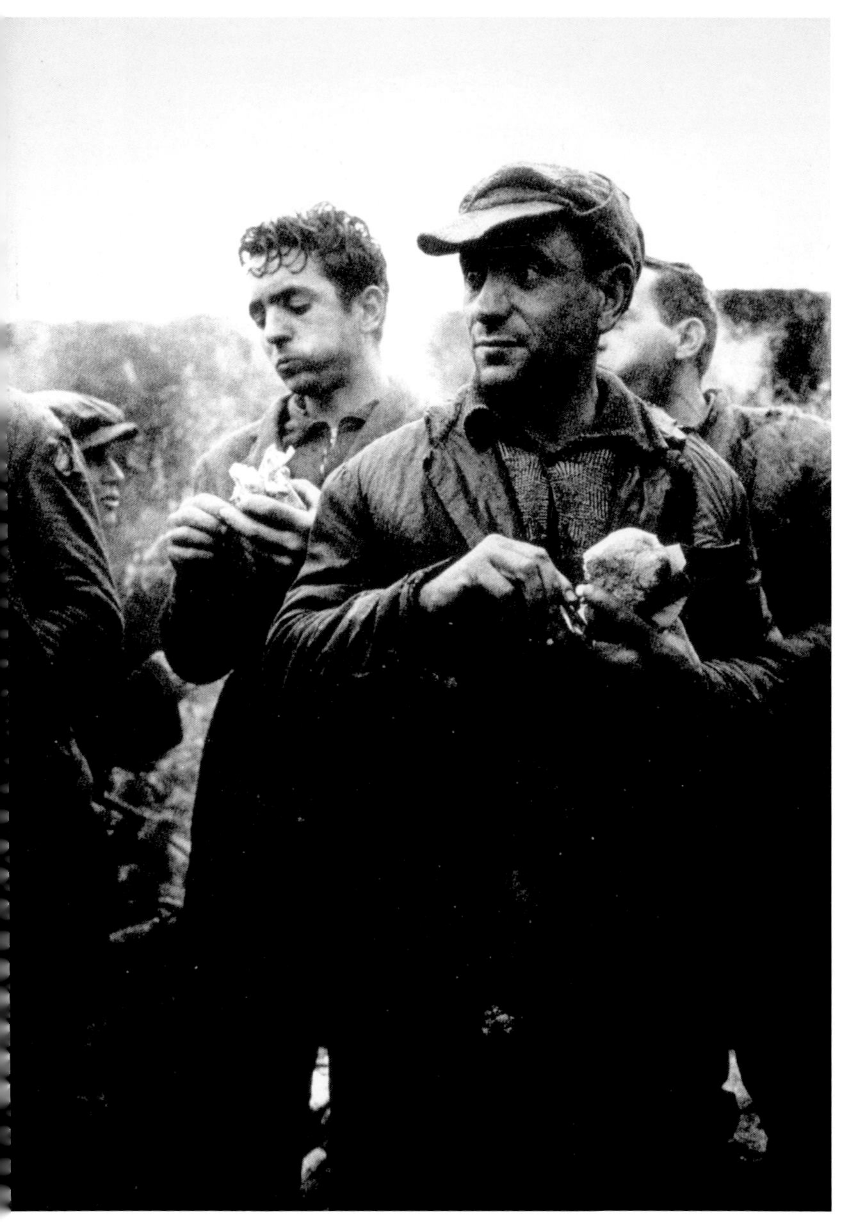

53. Sin título, *Ca.* 1961

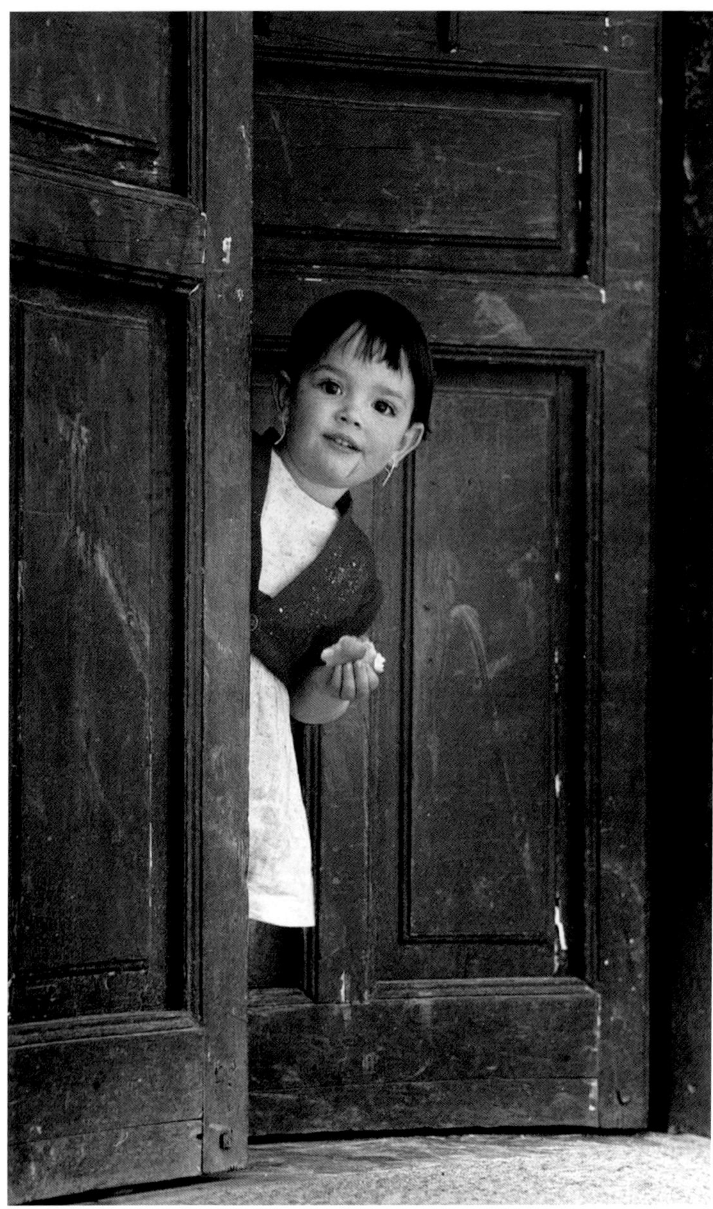

54. Sin título

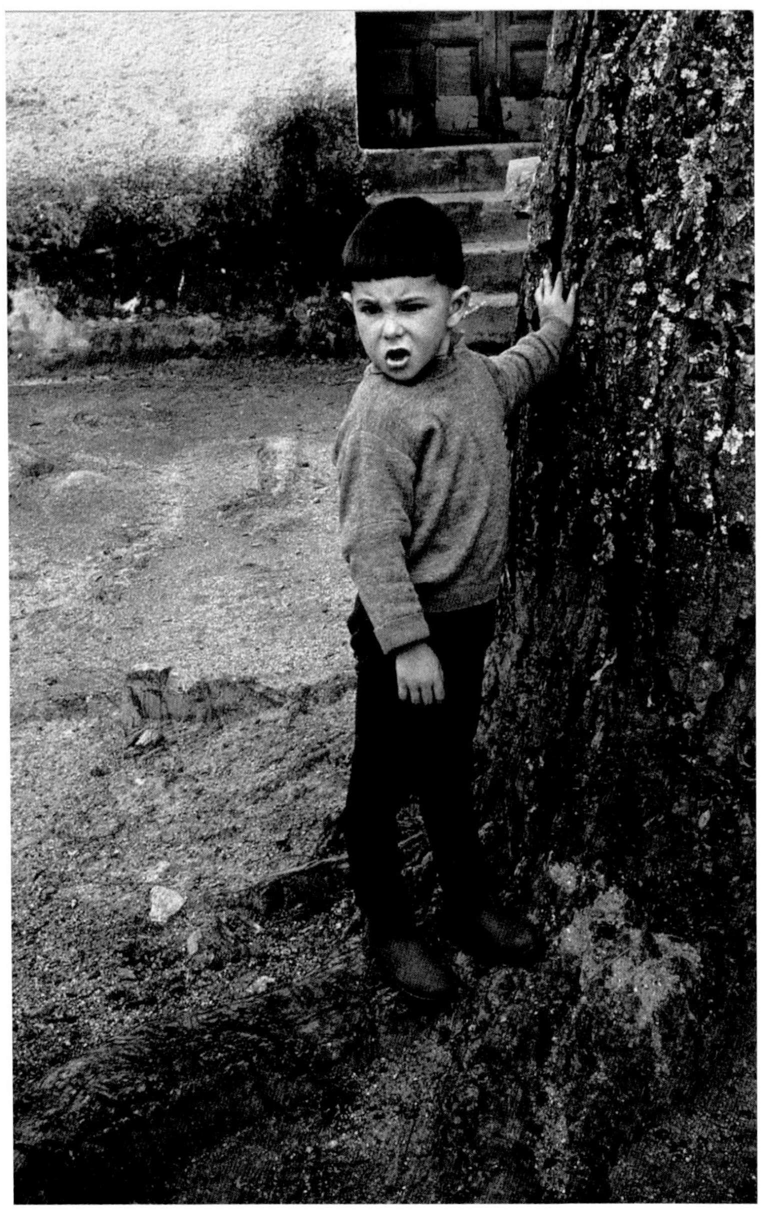

55. Contrariado

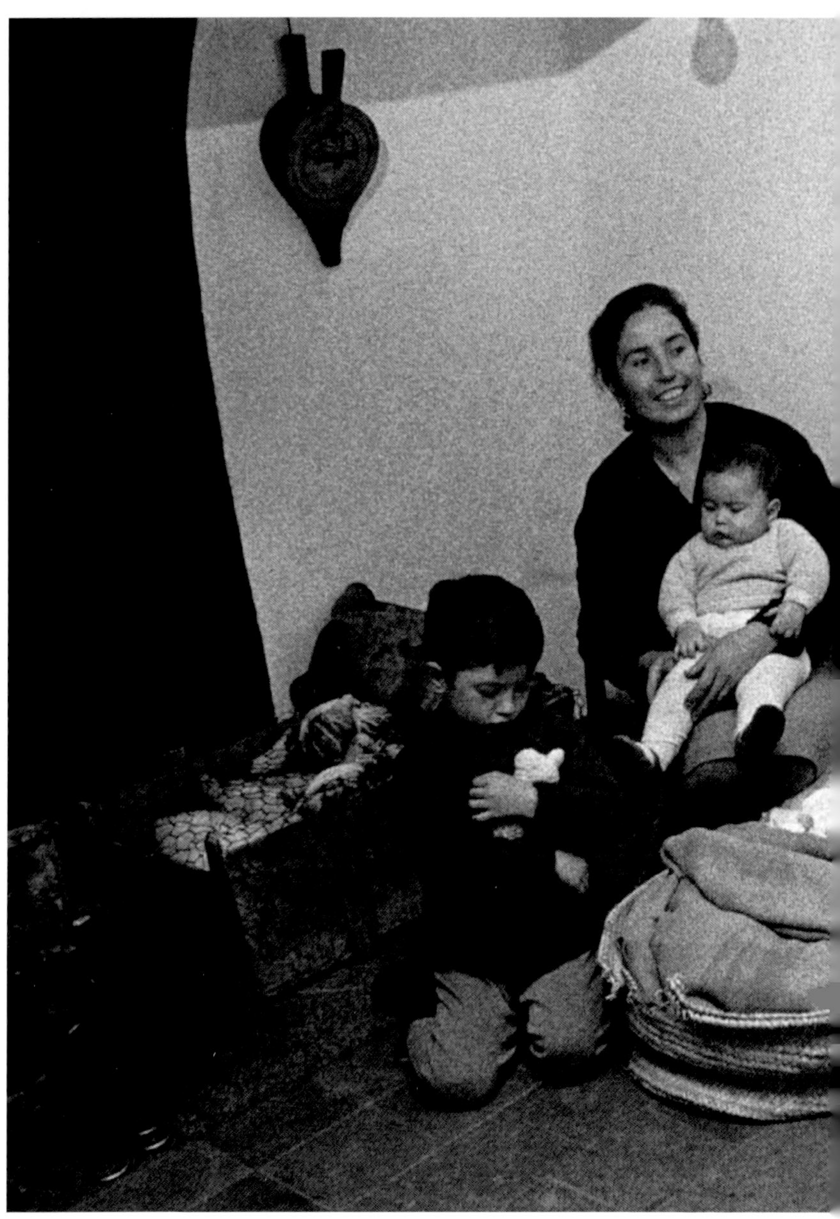

56. Sin título, *Ca.* 1965-1972

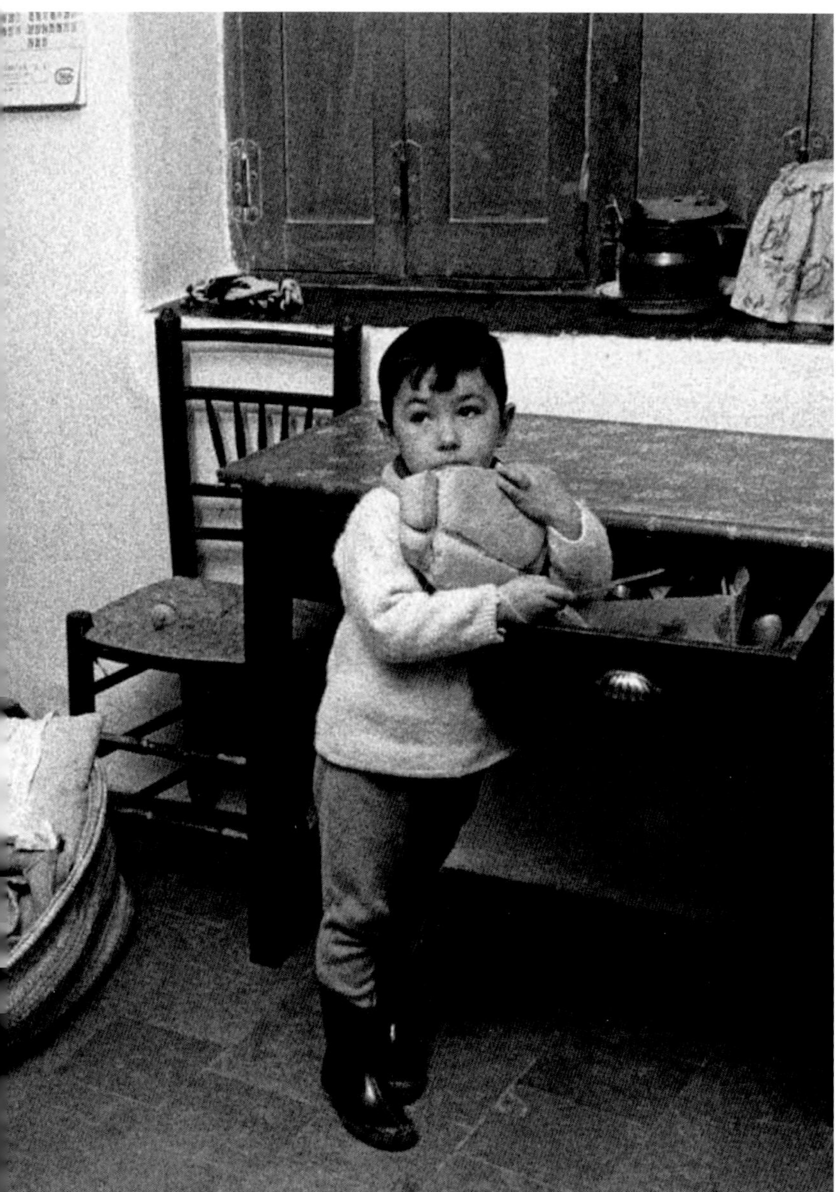

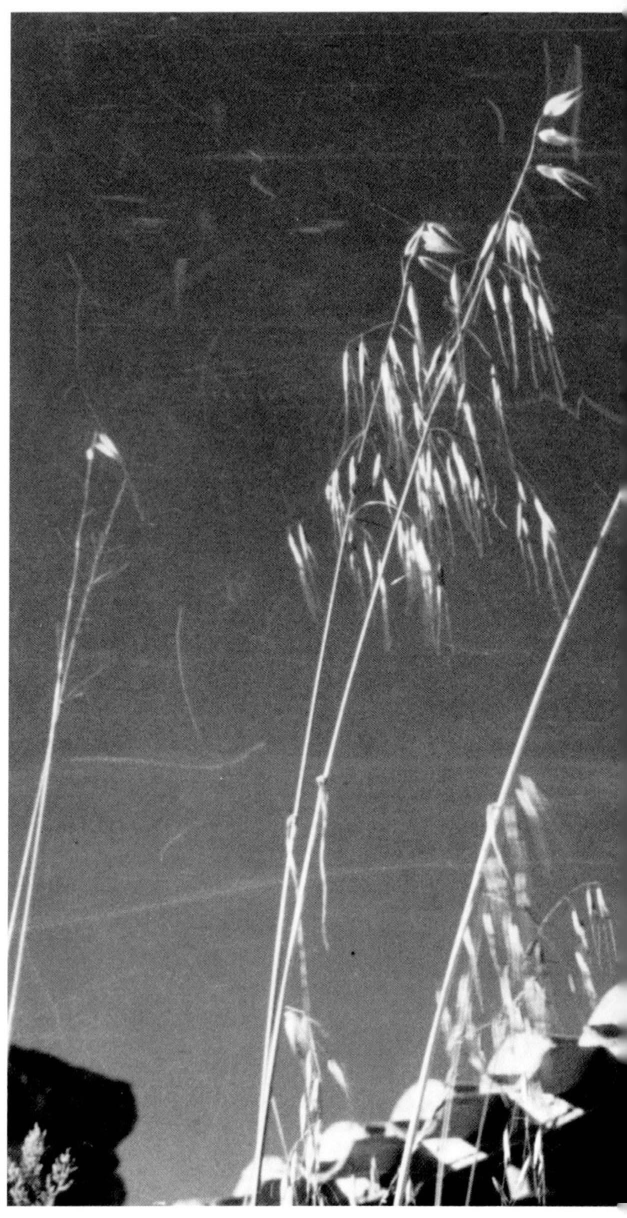

57. Como veletas, 1956

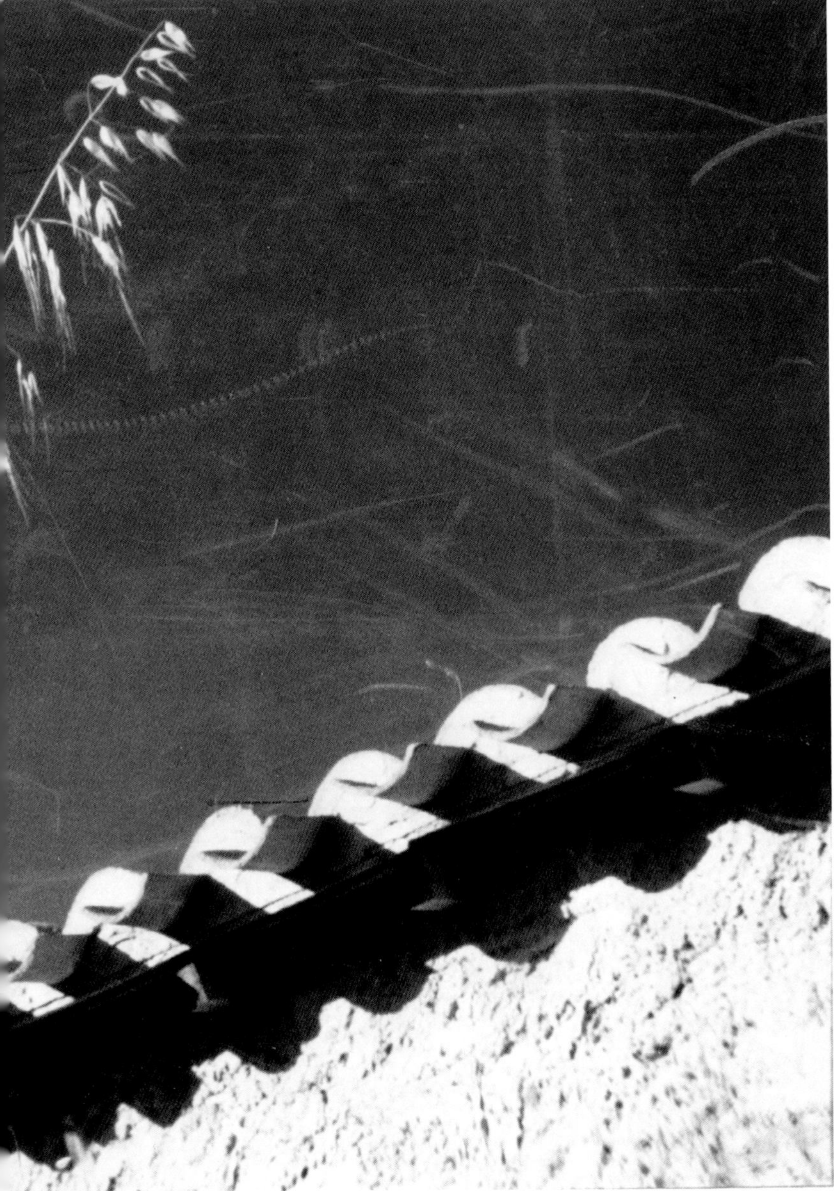

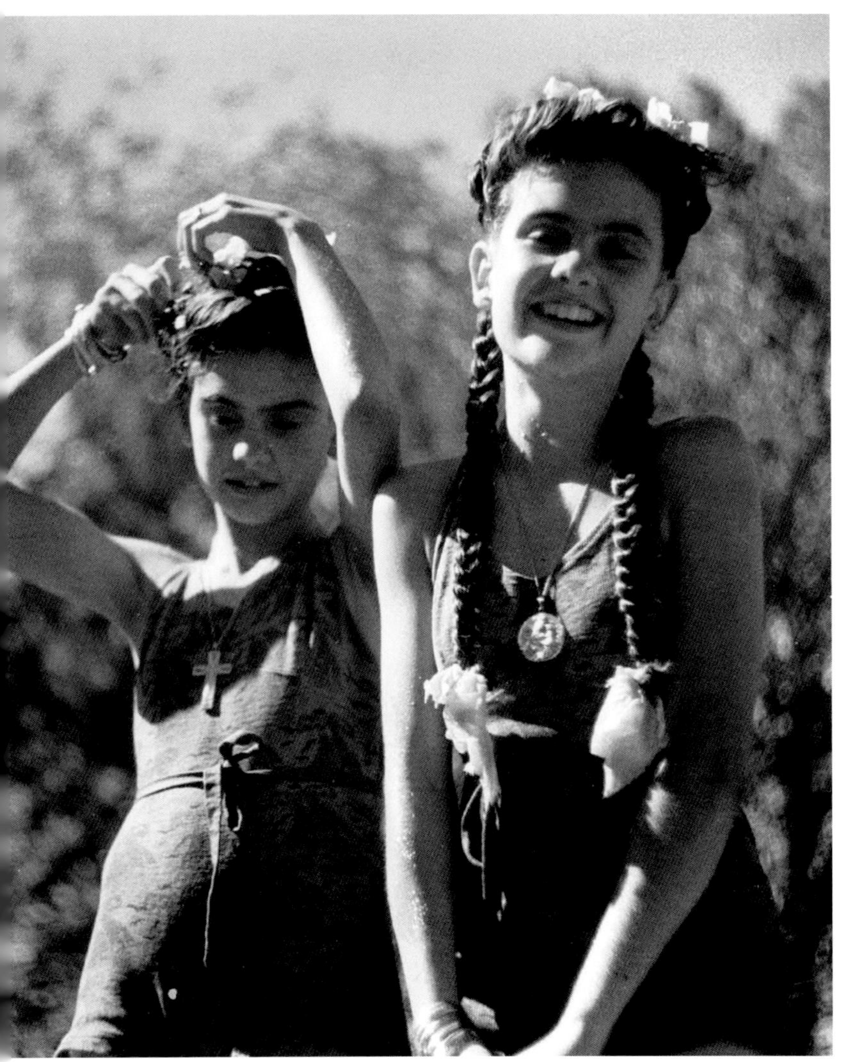

58. Sin título

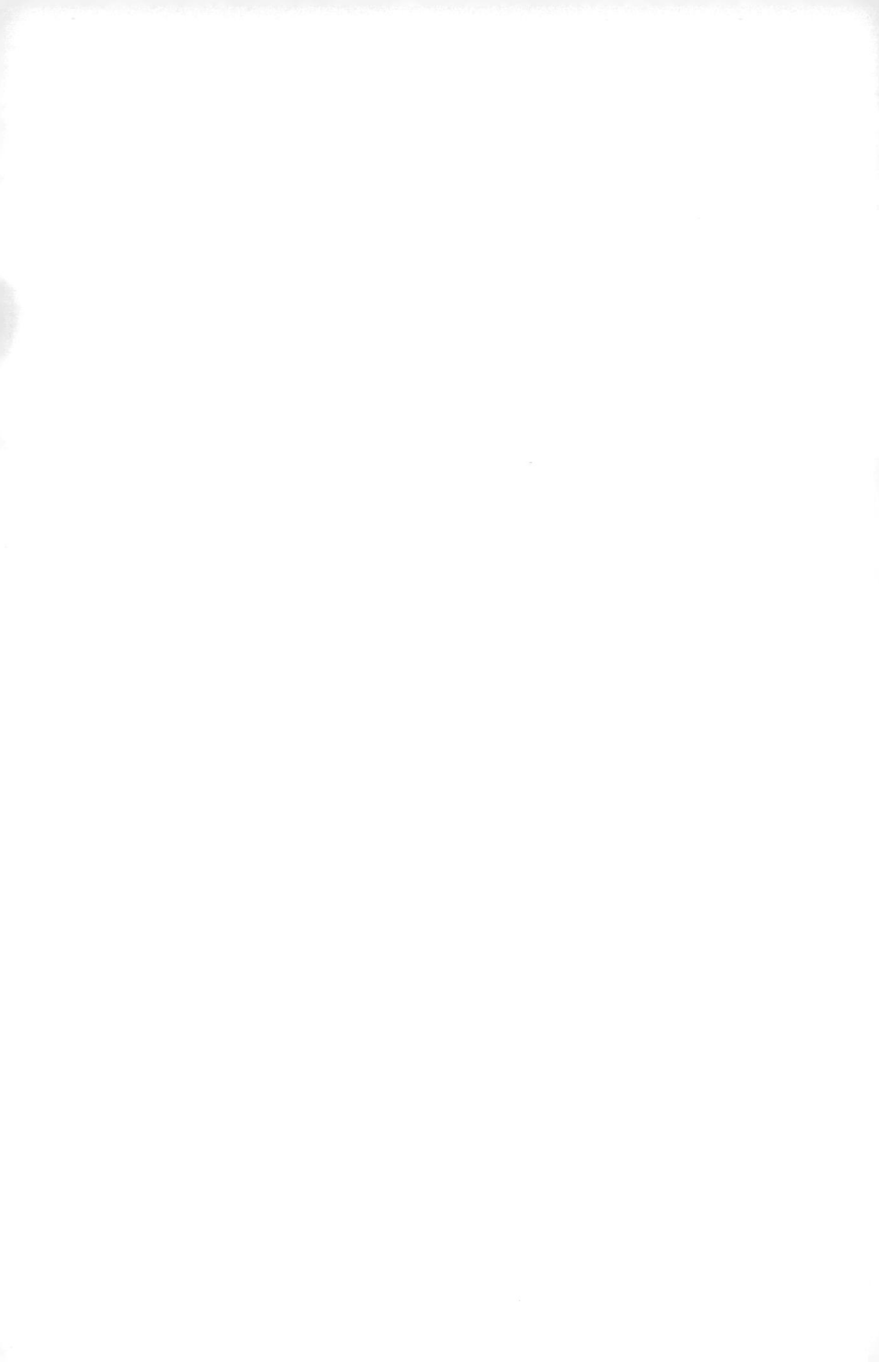

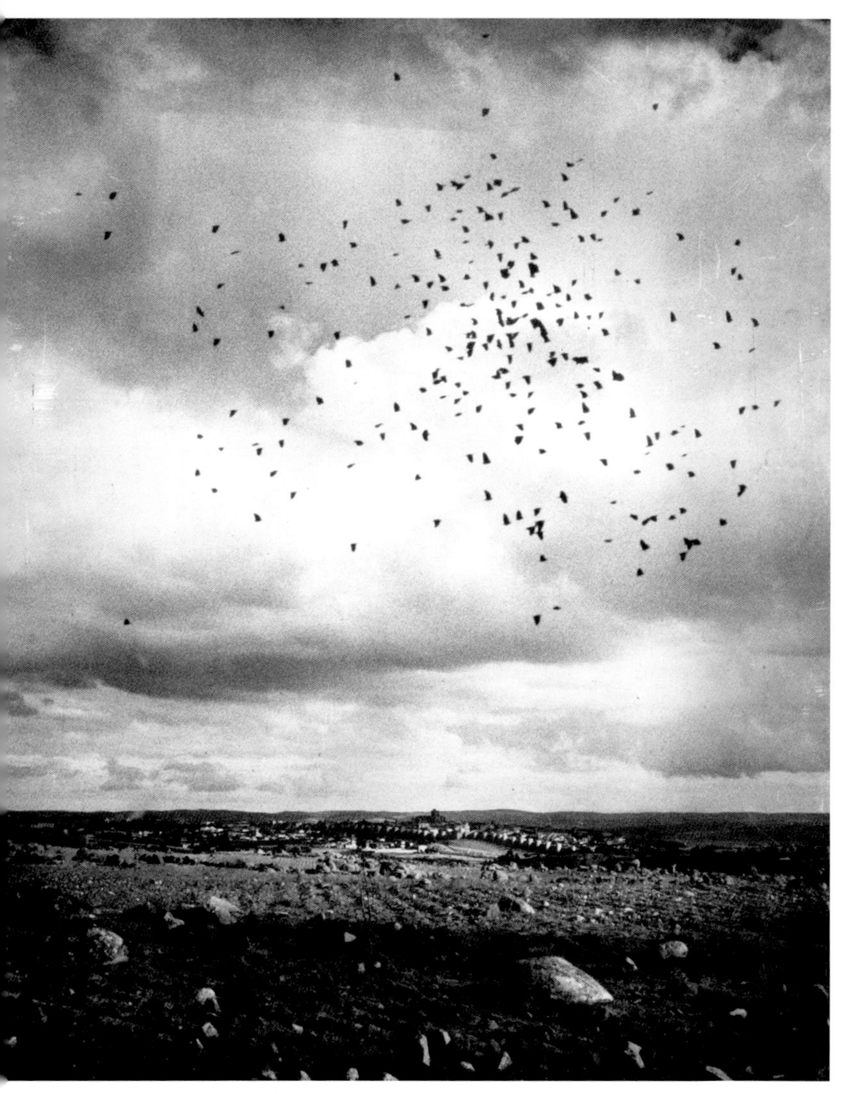

59. Tierras de Ávila, 1965

Cronología

1907 Nace en Bilbao. Inicia estudios de arquitectura,
      interrumpidos por la Guerra Civil española.
1950 Ingresa en la Real Sociedad Fotográfica de Madrid.
1957 Fundador del grupo La Palangana, junto a los
      fotógrafos Gabriel Cualladó, Paco Ontañón, Paco
      Gómez y Gerardo Vielba, cuya base de operaciones se
      establece en la Real Sociedad Fotográfica. Vinculado
      también al grupo Afal, realiza exposiciones colectivas
      con sus miembros.
1960 Obtiene el VII Trofeo Luis Navarro, otorgado a su
      fotografía *Potranco negro*. Salón de Fotografía
      Moderna. Agrupación Fotográfica de Cataluña.
1961 Inicia la serie *Mimetismo de los insectos*, realizada en
      diapositivas en color. Una selección se expone en la
      III Bienal Internacional del CIP, en París.
      Es nombrado fotógrafo oficial de la revista *Abejas y
      colmenas*.
      Inicia su serie *Los mántidos*.
      Comienza a colaborar con el anuario *Photo Year Book*,
      una relación que durará hasta 1966.
1962 Invitado por el Comisariado de Turismo francés, viaja a
      París con otros diez fotógrafos españoles.
      Realiza la maqueta *Gente de París*.
1963 Publica su autorretrato en la revista *Arte fotográfica*.
      La Comisaría General de España para la Feria Mundial
      de Nueva York le invita a editar postales.
1964 Es galardonado en el Concurso del Ministerio de
      Agricultura y Silvio Fauna. Volverá a ganar este
      premio dos años después. Para concursar, presenta las
      series *Acarapis woodi*, *Herradero* y *Nido de
      oropéndolas*.
1965 Con la Real Sociedad Fotográfica, gana el Trofeo Peaf
      en el III Salón de la Imagen. Barcelona.
1966 Obtiene el tercer y noveno lugar en el I Concurso
      Nacional de Fotografía Turística.
1968 Un incendio arrasa la finca familiar de Dehesa del
      Hoyo y el bosque colindante, en Sotillo de la Adrada
      (Ávila). A partir de este suceso comenzará a
      documentar la recuperación de la flora de la zona en la
      serie *El bosque arde*, que concluirá cuatro años más
      tarde.
      Participa como jurado en el III Concurso Nacional de
      Fotografía Turística, organizado por el Sindicato
      Nacional de Industrias Químicas.
      La revista *Stern* le selecciona para la II Exposición
      Mundial de Fotografía.

1970 Escribe una novela corta, titulada *El asnillo negro*,
      reproducida junto a algunas imágenes de Dehesa de
      Hoyos en *Cuadernos de Fotografía* # 19.
1973 Publica en *Everfoto*. Volverá a colaborar con el anuario
      en los siguientes dos años.
1995 Muere en Madrid.

Exposición individual

2008 *La Dehesa de Hoyos*. Museo Nacional Centro de Arte
      Reina Sofía. Madrid.

Exposiciones colectivas

1952 International Beekeeping Exhibition, organizada por la
      Real Sociedad Zoológica de Amberes.
1960 *Fotografi della nouva generazione*. III Bienal
      Internacional de Pescara.
1961 *Mimetismo de los insectos*. III Bienal Internacional del
      CIP, en París.
1962 *Once fotógrafos españoles en París*. Institut Français
      de Tourisme (París), Sala Aixelà (Barcelona) y Galería
      Biosca (Madrid).
1963 *La Palangana*. Sala Aixelà. Barcelona.
      II Salón Internacional de Tarrasa.
      Fotografía actual española. I Salón de la Imagen.
      Barcelona. Itinerante por Alemania.
1965 III Salón de la Imagen. Barcelona.
1972 *Elegía a un bosque muerto*. Real Sociedad Fotográfica.
      Madrid.
1985 *Seis fotógrafos de la Escuela de Madrid*. Real
      Sociedad Fotográfica. Madrid.
1988 *La Escuela de Madrid*. Museo Español de Arte
      Contemporáneo. Madrid.

Catherine Coleman

(Montclair, Nueva Jersey, 1947) Conservadora y comisaria. Bachelor of art en Wells College de Nueva York y licenciada y doctorada en Historia del Arte por la Universidad Complutense de Madrid, es conservadora jefe del departamento de Fotografía del Museo Nacional Centro de Arte Reina Sofía. Ha sido comisaria de importantes exposiciones de fotografía realizadas en España en los últimos años, como *Robert Capa: cara a cara* (1999), *Elliott Erwitt, 60/60* (2002) y *Leonardo Cantero: Dehesa de Hoyos* (2008).

Born in Montclair, New Jersey in 1947, Catherine Coleman is a conservator and curator. Bachelor of Art from Wells College (New York). She received her master's degree and doctorate in art history from Madrid's Universidad Complutense and is the head curator in the photography department of the Museo Nacional Centro de Arte Reina Sofia. She has curated important photography exhibitions held in Spain in recent years, including *Robert Capa: cara a cara* (1999), *Elliott Erwitt, 60/60* (2002) and *Leonardo Cantero: Dehesa de Hoyos* (2008).

Close to the Land
Catherine Coleman

To reach ethics through aesthetics
Leonardo Cantero

I never met Leonardo Cantero (1907-1995) personally, but by good fortune I have had the privilege of becoming close to him through his photographic and documentary archives, an encounter enriched by the testimony and memories of his nieces and nephews. It all began in 1995 when right after Cantero's death I received a phone call from Gabriel Cualladó informing me that the photographer's archive was stored in the town of Sotillo de la Adrada (Avila) and that his heirs wanted to donate it to the Museo Nacional Centro de Arte Reina Sofia, a process that concluded in 2005.

Cualladó's call demonstrated the regard and esteem that Cantero's contemporaries had for him and his work. During his lifetime, Cantero didn't enjoy the artistic visibility he deserved and that the other members of the mythical La Palangana group to which he belonged received. This book is his first monographic publication, and the most important award he ever won was the sole prize in the 1960 Seventh Luis Navarro Trophy for *Potranco negro*. The jury's letter notifying the winner of this award was signed by none other than Leopoldo Pomés, Antoni Tapies, Joan Brossa and Joan Colom. Cantero's photography was often praised by his contemporaries. For example, a letter signed by S.S. on the letterhead of the Casino del Comercio in Tarrassa (3 July 1963) and addressed to Paco Gómez stated, "Cantero is earning the highest praise as an outstanding photographer in your group. In our opinion, his short reportage on the party in the countryside is fantastic, and it amazed Casademont, who visited us last Sunday." Josep Maria Casademont, based in Barcelona's Sala Aixelà, was undoubtedly Spain's most important theoretician, critic and promoter of photography in the nineteen sixties.

The documentation that Cantero discreetly stored tells us a lot about him as a person. A convinced bachelor, he was generous with his own. Cantero's father was an amateur photographer, an interest he inherited. Since he was somewhat withdrawn, recognition in a contest was sufficient reward. He was a writer, poet, beekeeper and businessman as well as a photographer. He was methodical, calculating, rigorous and meticulous, as witnessed by his annotations in two notebooks. The first entry in his agenda is dated 1958 and the last in 1969. The entries contain information on the shipment (and return) of photographs to contests and exhibitions, their publication in yearbooks and the technical details used in specific shots.

In the second notebook, Cantero drew nine tiny sketches for *Bodegón* (1977) and they give us an insight into his creative method. An apple with its stem, centred within the composition, is shown on top of a marble table decorated with a crochet tablecloth in all nine sketches. Its position changes slightly in each sketch. In the first four sketches, Cantero marked the focuses of light falling on the apple by drawing red lines on the image. In the other five, the photographer added a jar with a lid and introduced an upper border parallel to the crochet. In some other sketches, he wrote in Spanish, "ojo" (a warning to "be careful") in red. In the final photograph, however, he discarded the apple's stem, the lidded jar and the border. After so many trials, Cantero returned to the simplicity of his first sketch. Dramatically centred on the apple, the focused light plays a leading role, equal to that directed at a star on stage.

Many vintage photographs saved by Cantero revolve around two subjects: his years in the Dehesa de Hoyos hacienda in Sotillo de la Adrada, running from the early nineteen fifties until the early 70s, and his trip to Paris in 1962.

The Dehesa de Hoyos property, which had belonged to the family since the nineteenth century, was a contained, self-sufficient world where the photographer portrayed his large family, including estate employees and their children, some of whom lived there. The photographs radiate freedom in that world with a flexible but closed structure protected from the hardships of the last years of Franco's regime. Cantero's portraits show a peaceful coexistence that in many ways reflects the humanism found in the *Family of Man* exhibition (1955), whose catalogue became a bible for the photographic associations in Barcelona, Madrid and Almeria.

In addition to family portraits, Cantero faithfully reflected everyday life on the estate and the rural environment and customs such as the branding of animals ritually performed each December 28th. Cantero showed a great tenderness for the La Dehesa de Hoyos animals. To accompany the photograph titled *Asnillo negro* (1970), he typed a short novel (unpublished) explaining the sad fate of this donkey, which was sold to the gypsies and would end up in the slaughterhouse. Cantero kept various versions of this tale written by the children living on the estate. Manuel Alcántara wrote of his photograph, "This young donkey has been photographed carefully, with hardly any light or shade and with love, by a man intrigued by the animal world who perpetuates it in an intimate way: Leonardo Cantero."

In June 1968 a negligent smoker started a forest fire that destroyed the property in Sotillo de la Adrada and its surroundings.

Cantero photographed the burning fields and in his indignation spent the next four years documenting the forest's regeneration with a clear pre-environmentalist attitude, evidence of his closeness to the land. Worthy of note are the successive photographs poetically documenting the growth of one solitary tree in the valley. He used colour slides and subsequently presented them with the title *Elegía a un bosque muerto* in Madrid's Royal Photographic Society on Príncipe Street.

Leonardo Cantero's first experiments with colour date from 1961, when he presented the laboriously hand-made slides composing his series *Mimetismo de los insectos* in the Third Paris International Biennial. His scientific interest focused on the study and publication of the praying mantis's habits and on beekeeping in the family estate. The business selling the honey, named "The Golden Honeycomb. Quality Honey from the Tietar Valley", was located in the family home on Atocha Street, 41, which also housed Cantero's dark room and was around the corner from the Royal Photographic Society, the photographer's second home. La Palangana group, founded in 1957, used it as a base of operations in addition to the Cervecería Alemana in Santa Ana Plaza and the crypt of the Café de Lyon. At 55, Cantero was the oldest in the group.

The second subject of most of the vintage photos stored by the photographer was his trip to Paris. In 1962, he and ten more Spanish photographers travelled to the French capital sponsored by the French Tourism Comissariat. It was his first and only professional trip abroad. Upon his return, he prepared a draft project titled *Gentes de Paris* (also unpublished) that suggests how much the trip fascinated him. These photographs allow us to reconstruct what he did during that time. He met the Venezuelan painter Pastor Navarro, visited André Lhote's atelier, photographed the Japanese artist Tsutomu Yoshikawa and his girlfriend in their bedroom, found the encounter between an African man and a European woman exotic, and visited many cafés. The subjects chosen during his stay also tell a lot about Cantero as a man.

In a letter from August 1965 the famous Catalan, Sebastián Gasch, invited Cantero to participate in the *Historia de la Fotografía Española* project (La Polígrafa, unpublished) and asked him to (please) express in a few words his aesthetic concept of photography. Cantero replied, "To reach ethics through aesthetics," a concise summary of his philosophy of life and of photography.

PHoto**Bolsillo**

Director de la Biblioteca PHotoBolsillo / Series Editor
Chema Conesa

Diseño original / Original Design
Fernando Gutiérrez

Coordinación / Coordination
Doménico Chiappe

Producción / Production
Paloma Castellanos

Fotomecánica / Photomecanics
Cromotex

Impresión / Printer
Brizzolis

ISBN
978-84-92498-91-8

Depósito legal
M-47462-2009

Impreso en España / Printed in Spain

Una coedición entre / A Coedition Between

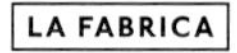
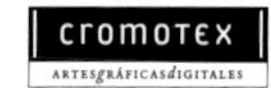
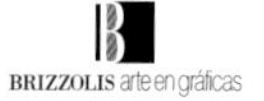
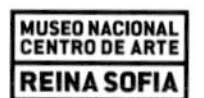

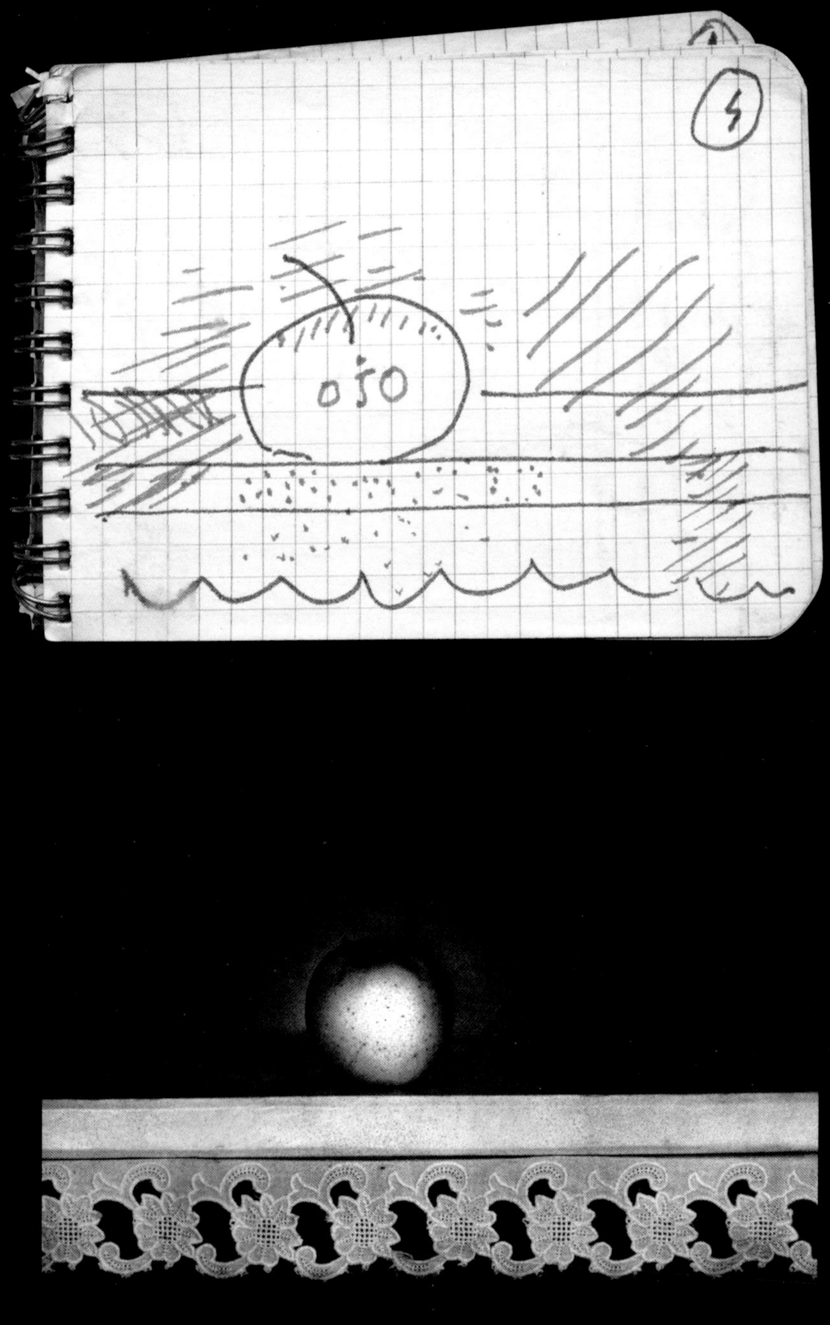
050